Bernhard Otto

Dreihundertjähriges deutsches

Kloster = Kochbuch

REPRINT – VERLAG
LEIPZIG

Die zum Teil geminderte Druckqualität ist auf den
Erhaltungszustand der Originalvorlage zurückzuführen

© REPRINT-VERLAG-LEIPZIG
Volker Hennig, Goseberg 22-24, 37603 Holzminden
ISBN 3-8262-1500-1

Reprint der Originalausgabe von 1856
nach dem Exemplar des Verlagsarchives

Lektorat: Andreas Bäslack, Leipzig
Einbandgestaltung: Jochen Busch, Leipzig
Gesamtfertigung: PögeDruck, Mölkau

Dreihundertjähriges deutsches
Kloster-Kochbuch.

Enthaltend:

eine bedeutende Anzahl

längst vergessener, jedoch äußerst schmackhafter Gerichte.

Nach einem

in den Ueberresten des ehemaligen Dominikaner-Klosters
zu Leipzig aufgefundenen Manuscript

bearbeitet und herausgegeben

von

Bernhard Otto.

(In keinem andern Kochbuch zu finden!)

Leipzig.
R. Hennings'sche Buchhandlung.

Vorwort.

Obgleich die neuere Zeit eine große Anzahl trefflicher Kochbücher hervorgebracht hat und bei dem auf der Spitze stehenden, feinen Geschmackssinn fortwährend hervorbringt, ist doch bisher noch kein Kochkünstler im Stande gewesen den Hausfrauen Gerichte kennen zu lernen wie sie unsere Vorfahren vor dreihundert Jahren zubereiteten. Das alte Manuscript, welches dieselben in der naiven Darstellung jener Zeit mittheilt, wurde wahrscheinlich von dem Bruder Küchenmeister des Dominikanerklosters St. Pauli zu Leipzig verfaßt, denn bei dem Abbruche eines Klostergebäudes, welches zur Zeit der Reformation das Refectorium und die Küche enthielt, endeckte man in einer, neben einem hohen Bogenfenster befindlichen vermauerten Niesche, nebst einer irdenen Lampe und einem eisernen Feuerzeug, auch ein altes vom Zahne der Zeit arg mitgenommenes Buch, dessen Inhalt wir unseren freundlichen Leserinnen in vorliegendem Werkchen mittheilen, so weit wenigstens, als die angestellten Versuche dargethan haben daß die frommen Mönche eine treffliche Küche recht wol zu schätzen wußten; denn ehe der Verfasser die Herausgabe des Klosterkochbuchs unternahm wurden von mehreren kochkundigen Hausfrauen viele Gerichte nach der Angabe des alten Manuscripts zubereitet und der Erfolg war ein überraschender, so daß dem seligen Bruder Küchenmeister von allen Lippen unaufhörliches Lob gespendet worden ist. Die Eigenthümlichkeit der Zubereitung verursachte einen ganz neuen Genuß und sämmtliche Hausfrauen sprachen den Wunsch aus, es möchte das Kochbuch der Dominikanermönche durch den Druck verbreitet werden, um dadurch das essende Deutschland zu überzeugen, daß trotz der jetzt allgemein beliebten französischen Kochkunst auch eine deutsche Küche existirt, deren köstliche und kräftige Speisen unsere Vorfahren mindestens eben so trefflich herzustellen vermochten wie unsere gewandten westlichen Nachbarn die ihrigen. — Mit Hülfe der genannten Damen, welche verschiedene, nothwendige und zeitgemäße Aenderungen und Verordnungen hinzufügten, wurde alsbald zur Herausgabe des Klosterkochbuchs geschritten, dessen Originalität zu wahren der Verfasser soviel als möglich die mittelalterliche Sprache und Ausdrucksweise beibehalten und nur die barbarische Orthographie etwas abgeändert hat. — Des Dankes seiner geehrten Leserinnen gewiß hegt der Herausgeber die wolbegründete Hoffnung, das altehrwürdige Kochbuch werde bei allen deutschen Hausfrauen eine recht freundliche Aufnahme finden.

Es wäre wol fein wenn man alles in eine Ordnung brächte und fein förderlich und ordentlich nacheinander setzte wie mancherlei Weise man die Speise in specie anrichten könnte, ein jedes Fleisch, die Eier, Hühner, Gänse, Schwanen u. s. w. Item in genere sollte man erstlich erzehlen mancherlei Suppen, mancherlei Zugemüse, mancherlei Eindunk, Gebratenes u. s. w. So kann man in diesen Dingen nicht so gar eigentlich einen gewissen methodum halten, ich muß es also durcheinander setzen und bisweilen aus der Ordnung schreiten, mag es jeder brauchen wie ers will. Ob der Fasten aber will ich beginnen mit den F i s ch e n :

1.

Wie man einen grünen Barsch, Barbe oder Hecht kochen soll.

Nimm den Fisch, haue ihn zu Stücken und wasche ihn rein aus, lege ihn in eine Mulde und salz ihn gar wol. Darnach stecke ihn an einen Spieß, lege ihn auf ein Rost und röste ihn wol daß er hübsch braun werde. Darnach nimm kleine Rosincken reibe die in einen Reibetopf oder zerstoße sie in einem Mörser mit zerriebenem Pfefferkuchen oder gerösteter Semmel und mache das auf mit Eier und Weinessig und drücke oder ziehe es durch ein reines Tuch und würze es ab mit Nelken, Zimmet, Muskaten, Pfeffer, Muskatblumen und Safran ein wenig, daß es hübsch braun bleibe und mache einen lieblichen Schmack, süß oder sauer wie es dir am besten gefällt und gieß das Sod in einen Kessel oder in eine Pfanne und lege den Fisch darein und setze ihn auf das Feuer und laß ihn aufsieden und koste ihn oft wie es dir gefällt. Willst du so mache ein Sod darauf von Nelken und Rosincken, das muß man gelbe machen mit Safran. So richte das an und giebs hin. — Dergleichen mag mans auch machen mit einem Stör, Hausen, Lachs, Zerten, Pressen, Düwel und Aal.

2.

Karpfen in Nelkensode zu sieden.

Willst du machen einen guten Karpfen in einen guten Nelkensod so nimm ein gut Bier oder Weinessig was du willst, stich dem Karpfen die Kehle ab und fange das Blut in dem Essig, schuppe den Fisch rein, haue ihn in Stücke und wasche

selbige rein, salze sie auf einer Mulde und laß sie eine Vier=
telstunde im Salze liegen. Dann lege sie in eine Pfanne
oder Kessel, gieß darauf den Essig mit dem Blute, durch ein
Sieblein oder Durchschlag geseiht, und nimm zu Hülf ein gut
Bier oder einen guten Wein, wie du es am besten haben willst
und streue darauf einen zerriebenen Pfefferkuchen, setze das auf
das Feuer und laß es wol sieden, würze es ab mit rechtem
Maaß, mit Nelken, Ingwer und Pfeffer, mache ihm einen lieb=
lichen Schmack, süße oder sauer, richte sie an und bestreue sie
auf der Schüssel mit gestoßenen Nelken. Willst du das Ge=
richt noch besser machen so lege Scheiben drauf von kleine Ro=
sinken und Aepfeln, die sollen hübsch länglich geschnitten sein
wie die Möhren, thue sie in eine Pfanne, mache sie gelbe mit
Saffran und laß sie hübsch aufsieden mit einem Wein und
mache es fein süß mit Honig oder Zucker und streue es in die
Schüssel auf den Karpfen und gieb es also auf.

3.

Einen Fisch in grünem Sode zu sieden.

Wilstu machen einen frischen Fisch in einem grünen Sode
so nimm ihn und haue ihn zu Stücken, wasche ihn rein aus
und lege ihn in eine Pfanne oder Kessel, gieß reines Wasser
drauf, setze ihn aufs Feuer und salze ihn zu rechter Maaße

und laß ihn wol sieden und wirf darein eine gute Hand voll Petersilie so noch grün ist, und wenn es eine Weile gesotten so nimm die Petersilie heraus und zerreibe sie in einem Reibetopf oder Mörser mit etwas Weizenem Brod (Semmel) und drucke das durch ein Sieblein oder Durchschlag mit dem Sode darin der Fisch gesotten worden ist, und so es durchgeschlagen ist gieß es auf den Fisch und laß es wol auffieden und würze es ab mit Ingwer, Pfeffer und ein wenig Saffran. Koste es obs einen guten Schmack hat oder wie dirs gefällt. Willst du so magst einen Wein darein gießen, so gewinnt es einen viel frischen Schmack und giebs hin.

4.

Einen Hecht auf polonisch zu sieden.

Wilst du einen Hecht polonisch sieden so nimm Zwiebeln und schäle sie, wirf sie in ein Wasser und wasche sie rein aus, lege sie in einen Topf und laß sie wol sieden, daß sie ganz wol gesotten sein und schütte die in ein Sieblein oder Durchschlag daß das Wasser rein davon läuft und zerreibe sie dann in einem Reibetopfe und nimm dann den Hecht und schuppe ihn rein, haue ihn zu Stücken und wasche ihn rein aus und salze ihn auf einer Mulde und laß ihn ein Wenig im Salze liegen. Lege ihn darnach in eine Pfanne oder Kessel und gieße die Zwiebeln mit dem Sode darin sie gesotten haben darauf. Ist des Sodes zu wenig so gieß zu Hülfe reines Wasser und setze es auf das Feuer und laß es wol sieden und würze es ab mit Pfeffer, Ingwer, Muskatblume und Saffran zu rechter Maaße und koste ihn denn, wie es dir schmeckt, und giebs hin.

5.
Eine andere Weise Hecht auf polonisch zu sieden.

Wenn du Hecht auf eine andere Meinung willst so gieß einen Topf Wein, oder einen halben, darnach der Fisch ist, darein und schütte große Rosincken darein. Ists dann zu sauer von dem Wein so mache es süßlich mit einem Zucker. Also macht man auch Perßken (Barsche) Caruschen und andern gemein Fisch.

6.
Einen Hecht mit Lemonien zu sieden.

Willst du einen Hecht in Lemonien (Citronen) sieden so schuppe ihn rein und haue ihn zu Stücken, wasche ihn rein aus und salze ihn in einer reinen Schüssel und laß ihn eine Weile im Salz liegen. Alsdann nimm Petersilienwurzel schabe sie rein ab, thue sie in einen reinen Topf, lege dazu eine, vier oder sechs Lemonien, jenachdem dirs deucht, und laß es wol sieden daß es ganz weich wird. Darnach schütte es in ein Sieblein, daß das Wasser völlig abläuft, zerreibe es in einem Mörser mit Weißbrod und gieß das Sod darauf, worin sie gesotten sind und lege den Hecht in eine Pfanne und gieß das Sod durch ein Tuch auf den Hecht, setz ihn auf das Feuer und laß ihn sieden, wirf darein ganze Lemonien oder zerschneide sie wie dirs am besten gefällt. Ist dann des Sods zu wenig geuß Wasser zu Hülfe. Und wenn der Hecht gesotten ist so würze ihn ab mit Pfeffer, Ingwer, Muskaten, Muskatenblume, Cinamey (Zimmet?) und Saffran und mache ihn wol gelb und salze ihn zu rechter Zeit, koste ihn und trags ins Refectorium.

7.

Eine andere Weise Hechte mit Lemonien zu sieden.

Nimm Aepfel und Lemonien (Zitronen) ein gut Theil, darnach der Fische sein, und hacke sie durcheinander und nimm darunter ein weiß Brödchen. Wenn das gehackt wird nimm einen weißen Wein und gieß ihn in die Pfanne oder den Kessel und lege den Hecht drein und laß es wol sieden und wirf hinein kleine Rosinken ein gut Theil und würze es ab mit Pfeffer, Ingwer, Muskatenblume und Saffran und mache es wol gelb. Es hat einen sehr lieblichen Schmack. Also mag man auch sieden, Barsche, Barben und Karpfen.

8.

Ein Hecht auf hungarisch zu sieden.

Willst du machen ein höflich Gericht von Hechten auf hungarisch, so schuppe die Fisch und zerhaue sie in Stücken, wasche sie rein ab, salze sie in einer Mulde und laß sie eine Weile im Salze liegen. Nimm Zwiebeln, schäle sie, und Aepfel, schneide die hübsch scheibelicht, nimm eine Pfanne, lege den Hecht drein und lege die zerschnittenen Zwiebeln und Aepfel auf den Hecht, dann nimm einen süßen starken Wein, setze den aufs Feuer und laß ihn aufsieden. So er dann gesotten ist würze ihn wol ab mit rechter Maaße, ein wenig Pfeffer und wol Ingwer, Zimmet, Muskat, Muskatblume und Saffran, mache ihn wol gelb und koste ihn zu rechter Maaße. Ist er zu sauer so mache ihn süß mit Zucker. Willst du ihn aber gar nicht süß haben, so mache ihn hübsch säuerlich wie du ihn willst haben und trage ihn zu Tische.

9.

Ein Hecht aus ganzen Lemonien zu sieden.

Lege ihn in einen Kessel und darauf ganze Lemonien (Zitronen) soviel dich däucht und gieß darauf einen guten Wein,

Rheinfall, Malvasier oder Muskateller und noch eine hübsche
Sod, und laß es wol sieden und würze es ab mit rechter
Maaße mit ein wenig Pfeffer und wol Ingwer, Muskatblume
und wol Saffran. Dann koste es und trags nein.

10.
Einen Hecht säuerlich zu sieden.

Schuppe den Hecht rein ab und nimm darauf Essig und
geringes Bier oder auch guten Wein, wie du es am besten
haben willst, und Pfefferkuchen, mache drauf ein hübsch braun
Sod von Kirschen oder welschen Nüssen und würze das mit
Nelken Pfeffer, Ingwer, Muskatenblume, Zimmet, und mache
ihm einen hübschen, lieblichen Schmack süße oder sauer, wie
du willst. Du kannst auch kleine Rosincken hineinschütten. Also
mag man sieden allerlei Fische, als Schleien, Caruschen, Zer-
then, Barsche und andere.

11.
Ohlruppen (Aalraupen) in einem grünen Sode zu sieden.

Lege die Ohlruppen in einen Tiegel und lege dazu eine
gute Hand voll grüne Petersilie und laß es in reinem Wasser
aufsieden, dann nimm die Petersilie wieder heraus und zer-

reibe sie in einem Reibetopfe mit einem Weißbrod und schlage das auf die Ohlruppen und würze es ab mit Pfeffer, Ingwer, Saffran, Muskat, Muskatblume, dann trags auf.

Anmerkung. Ohlruppen sind Fische welche die Märker Quappen heißen, in Meißen aber gelten sie für ein rechtes Herrenessen. Ich habe einmal, war 1534, bei einem vornehmen Junker auf dem Lande von einer gessen, die so eine große Leber hatte daß sie mehr als ein Pfund gewogen hätte wenn man sie hätte wägen sollen. Sie ward in einer Schüssel gar allein für ein besonderes Gericht aufgetragen wie sie dann auch ein gut Gericht gab. In den Flüßlein Elster und Pleiße werden sie nur klein gefangen.

12.

Gehackte Fische zu machen.

Willst du gehackte Fische machen so nimm Hecht oder Karpfen, zeuch ihm die Schuppen rein ab und die Gräten gar heraus und zerhacke sie ganz klein, und schneide darunter Petersilienwurzel, kleine und auch grüne Petersilien, und nimm darunter Weißbrod, mische das flugs durcheinander und würze es ab mit Pfeffer, Ingwer, Saffran, salze es zu rechter Maaße und setze es in einer Pfanne mit Wasser auf das Feuer und laß es aufsieden, und mache Klöschen aus den gehackten Fischen so groß als die Hühnereier und wirf sie in das Wasser und laß sie wol sieden. Wenn sie nun wol gesotten sein so nimm sie heraus und zerschneide sie in zwei Theil und mache darauf ein Sod von Petersilien wie beim vorigen Gericht (No. 11). Willst du es aber nicht grün haben so mache es gelb.

13.
Würste von gehackten Fischen zu machen.

Nimm Barsche, Caruschen, Schleie, Barben, Hechte, Karpfen oder sonstigen Fisch, zerhacke die ganz klein, nimm aber erst die Gräten heraus, und wirf darzu Nelken, Muskatblumen, kleine Rosinken, Saffran und temperirs wol ab wie vorgeschrieben ist und mache von denselben Fischen Würste eines Fingers lang und lege sie in siedend Wasser, laß es wol einsieden und wenn sie gesotten sein so nimm sie heraus und mache darauf ein braun Sod. Nimm geringes Bier, Essig und Pfefferkuchen, laß es wol sieden uud würze es ab mit rechter Maaße mit allerlei Würze. Willst du es ganz gut haben thue dazu guten Wein und kleine Rosincken.

14.
Pasteten auf Welsch (Italienisch) von Fischen zu machen.

Nimm Hechte, Karpfen, zeuch ihnen die Schuppen ab und lies heraus die Gräten nnd hacke sie klein und würze sie ab mit allerlei Spezerei wie vorgeschrieben steht und thue daran Baumöl und temperire es flugs durcheinander wie vorgeschrieben steht und nimm kleine Vogelspieße, Fingerdicke, und lehne sie gegen das Feuer und laß sie von fern hübsch braten. Wenn sie gebraten sein nimm sie herab, zeuch die Spießlein heraus und zerschneide sie hübsch zu Stücken wie zwei Glieder lang und mache dazu einen harten Teig von trockenem Mehl und Wasser daß er ganz hart wird. Darnach mache diesen Teig in die Form wie ein Topf und schütt unten auf denselben Teig kleine Rosinken und Meyeran und lege darauf eine Schicht derselbigen Würste. Darnach wieder kleine Rosinken und Meyeran, Pfeffer zu Maaßen, Nelken, Zimmer, Muskaten, Muskatblume, Ingwer und dergleichen Würste wieder drauf, so lang bis der Teig voll ist. Wenn er voll ist thue auch zu oberst das Gewürze drauf wie du unten gethan hast, und den Meyeran. Dann geuß darein Baumöl und Rosenwasser, Meyeranwasser und ander kräftiges Wasser mehr und setze darüber einen Deckel von Teig und vermache das fest um die Ränder daß es nicht aufreißt und mach mitten in den Deckel noch ein Loch als eine Haselnuß groß das der Broden heraus kann und schieb das in einen warmen Ofen der nicht allzuheiß ist und laß das eine Stunde also backen, dann giebs hin in Gottes Namen. — Dergleichen Pasteten mag man

auch machen von grünem Aal, Hausen, Stöhr, Bieberschwän-
zen, Lachsen, Krebsen und andern Fischen.

15.

Gefüllte Hechte zu machen.

Schuppe die Hechte rein ab, aber so daß du die Haut
nicht zerschneidest. Dann schneide ihn hinten an dem Haupt
auf, schier bis auf den Bug und räume den Hecht gar aus
zwischen Fell und Fleisch bis auf den Schwanz und zeuch die
Haut nieder und laß das Haupt an der Haut hängen und
schneide das Fleisch zweier Querfinger vom Schwanz ab und
drehe die Haut wieder um, daß das Obige hineinkommt. Nimm
das Fleisch und nimm die Gräten heraus, zerhacke es klein
mit Petersilienwurzel und Weißbrod, grüner Petersilie, Meyeran,
Rosmarin, Baumöl, Zucker, Pfeffer, Nelken und allerlei Gewürze,
das mische Alles wol unter einander und salze es und fülle
es wieder in die Haut und nähe es zu, daß es nicht ausläuft,
dann stecke es an einen Spieß oder brate es in einer Pfanne.
Wenn du willst kannst du das Gericht in Stücken schneiden
und einen Sod darauf machen von Kirschen oder Pfefferkuchen
mit allerlei Gewürze. Desgleichen kann man auch füllen
grünen Aal.

16.

Einen Hirschbraten von Fischen zu machen.

Nimm einen Karpfen und einen Hecht, darnach du ihn groß haben willst, zeuch herab die Schuppen und lies die Gräten heraus und zerhacke die Fische klein und schneide hübsche Petersilienwurzel dran und hacke es gar klein und nimm darunter Weißbrod, Salz, Baumöl, Zucker und schneid darein gute Kräuter, Rosmarin und sonst etwas anderes, und würze es ab mit allerlei Würze und menge es flugs durcheinander und spalte vier Hölzer von einer Schindel daß jedes anderthalbe Spanne lang ist und eine Querhand breit, und lege das Jetztberührte gar darzwischen und legs in ein heiß siedend Wasser und laß es lang sieden. Und wenn es gesotten ist stecks an einen Spieß und verwahr es daß es nicht herabfällt und legs gegen das Feuer oder brats in der Pfanne und begieß es mit Butter oder Baumöl und besprenge es mit Salz und trags auf den Tisch, vorher aber bestreue es mit Ingwer.

Desgleichen kann man auch machen ein Hirschen Wildpret von Fischen, daraus man mag machen kleine Stück und mache drauf ein braun Sod mit allerlei Zubehörung. Willst du so magst du drauf machen ein Gescherbe von Mandeln und von Rosincken und richte es an und gieb es hin.

2

17.

Eine weiße Gallert von Hechten zu machen.

Nimm und schuppe den Hecht aufs Allerreinste, wie du es kannst, haue ihn in Stücken, wirf dieselben in einen Kessel, gieß guten Wein (Malvasier) drauf und setze den Kessel ans Feuer. Dann thue ganze geschälte Aepfel hinein, etwa sechs Stück, und ganze geschälte Zwiebeln und nimm eine Hand voll ganzen Pfeffer und wasche ihn rein aus und binde ihn in ein reines Tuch, dann wirf ihn in einen Kessel zu dem Anderen. Alsdann nimm Hausenblase die recht weiß ist und lege sie auch in den Kessel, dann laß alles langsam aufsieden und schäume es rein ab, uud wenns hübsch langsam aufsiedet so nimm kaltes reines Wasser und gieß es auf den Hecht und wasche den Hecht rein aus und lege ihn wiederum in den Kessel zu dem Anderen. Ist dann zu wenig Sod da so nimm zu Hülfe einen guten Wein oder Malvasier und laß es wol sieden. Wenn dich dann dünkt daß es genug hat so nimm einen weißen Ingwer und würze den Hecht damit ab. Koste wie es schmeckt und sollte es nicht süße genug sein so lege die Fische fein auf eine Schüssel, doch daß nichts dazu kommt von den Aepfeln und Zwiebeln, und laß das Sod laufen durch ein reines Tuch

19

und geuß es darnach auf die Fische und laß es sein gäschen oder gerinnen. Willst du es dann aufgeben so bestecke es mit Zimmet und nimm schöne Mandeln, nimm deren Schalen weg, wasche die Mandeln in reinem Wasser und schneid eine jede halb entzwei nach der Länge, damit bestecke die Gallerte und gieb sie hin. Das war des hochwürdigen Bischofs Thilo Leibspeiß.

18.

Ein gut Muß von grünen Hechten.

Nimm die Hechte schuppe sie und ließ die Gräten rein heraus. Dann thue das Fleisch in einen Mörsel und thue dazu Weißbrod und reibs wol miteinander, und nimm guten Wein, machs nicht zu dicke und nicht zu dünne, drücke es durch ein reines Tuch, geuß es in ein Kesselchen oder einen reinen Topf, setze es zum Feuer und rühre fleißig, daß es nicht anbrennt, und würze es ab mit Pfeffer, Ingwer, Muskat, Muskatblume, Zimmet und Saffran und thue darein Zucker oder Honig und mache es wol süße zu einer rechten Dicke, nicht zu dick und nicht zu dünne, und koste es zu rechter Maaße und richte es an. Und wenn du es anrichtest bestreue es mit Anies oder sonst was.

2*

19.

Wie man allerlei Fische backen soll.

Erstlich schuppe sie rein, es sei Hecht Karpfen oder sonst ein Fisch, backe sie wol in Butter oder Oel und mache darauf ein Sod mit Pfefferkuchen in Wein und würze es ab mit allerlei Würze. Dann nimm kleine Aepfel und Zwiebeln, hacke sie durcheinander und thue darunter kleine Rosincken, lege sie in einen Topf und gieß Wasser darauf und laß es wol sieden. Wenn sie trocken gesotten sind schütte sie in einen thönernen Tiegel, röste sie fein braun und thue sie in das Sod, würze sie ab mit allerlei Gewürz, mache dazu einen guten Schmack und lege die Fische darein, laß sie aufsieden, bestreue sie mit Zimmet und gieb sie hin.

20.

Ein ander Sod auf gebackene Fische.

Reibe einen Krehn oder Meerettig in einem Topfe, thue Mandelkerne darunter und reibe die auch klein, dann gieß hinzu guten Wein, schütte es in einen Topf und laß es wol heiß werden, dann nimm die gebackenen Fische, lege sie auf eine Schüssel und gieß den Sod auf.

21.

Fische in der Würze zu sieden.

Beliebt es dir Fische in der Würze zu haben, es sei Hecht oder gemeine Fische, so laß die Fische aufsieden und reibe Petersilie und Weißbrod und geuß das auf die Fische durch ein Sieblein, und laß sie wol einsieden und lege dazu frische Weinbeeren, doch daß sie fein ganz bleiben und nicht zersieden. Ist das Sod zu sauer so mache es süß mit Zucker oder Honig und würze es mit Pfeffer, Ingwer, Saffran und Muskatenblume.

Also kann man auch junge Hühner und Vögel, groß und klein zurichten. Das Sod magst du machen wie du willst, willst du es sehr grün haben so nimm eitel grüne Petersilie. Ist ein trefflich Herrenessen! —

22.

Ein gut Fischgericht, am besten von Lampreten.

Lege die Fische in einen guten Malvasier und laß sie darinnen trinken daß sie quellen. Nimm kleine Rosincken und Pfefferkuchen, reibs in einem Topfe fein klein und machs auf mit einem Malvasier und zeuch es durch ein Tuch, geuß das in einen Tiegel und lege darein diese Fische und laß sie wol sieden, würze sie ab mit ein wenig Pfeffer, Ingwer, Nelken, Zimmet, Muskaten, Muskatblume und ein wenig Saffran daß es hübsch braun bleibe und mache dir einen lieblichen Schmack, lege darein kleine oder große Rosincken und klein geschnittene Mandeln und richte es an und bestreue es mit Zimmet, machs also fein und gieb es zum Tisch.

23.

Ein köstlich Essen von Hechtroggen.

Nimm den Hechtroggen und reibe ihn klein. Wenn er wol klein zerrieben ist daß er gleich gischt, so thue darein eine Hand voll Weizenmehl und reibs wol durcheinander und würze es ab mit Ingwer, Pfeffer, Saffran auch schütte darein kleine Rosincken, und rühre es fein durcheinander daß es wol gleich werde. Dann setze es in einem Tiegel mit Butter oder Baumöl über das Feuer und laß es heiß werden, und backe den Roggen wie die kleinen Fischlein, laß ihn hübsch fest werden und wenn er gebacken ist so nimm Pfefferkuchen und Wein und mache ein Sod, thue darein (rothen) Zucker, würze es ab mit Ingwer, Muskatblumen und ein wenig Saffran, koste es zu rechter Maaße und schütte darein kleine Rosincken, hernach trags auf den Tisch.

24.

Hübsche blaue Hechte zu sieden.

Willst du hübsche blaue Hechte sieden so nimm halb Wasser und halb Wein, setze das Wasser mit dem Weine in einen Tiegel, übersalze es und färbe die Hechte wol mit einem guten Essig und laß sie hübsch blau werden. Alsdann lege sie in das siedende Wasser und laß sie wol sieden, gieb ihnen gutes Feuer und laß sie nicht zu trocken einsieden, so wirst du hübsche blaue Hechte haben und magst also auch Karpfen machen.

25

Ein trefflich Sod auf Ohlruppen (Aalraupen).

Koche die Fische sonderlich, erst aus dem Salz, darnach siede etliche Petersilienwurzel in Wasser, röste weißes Brod, thue das dazu, zerreibe es miteinander klein, zerlasse es, würze es mit Pfeffer, Ingwer, Saffran, Muskatenblume, geuß es auf die Ohlruppen, laß es aufsieden. Du mußt aber das Sod vorher durch ein Sieb seihen ehe du es auf die Fische schüttest.

26.

Ein Hecht gebraten in Zwiebeln oder ohne Zwiebeln.

Schuppe den Hecht aufs Reinste, hacke ihn zu Stücken, wasche ihn rein aus und salze ihn, laß ihn eine Weile im

Salz liegen, darnach backe ihn in Butter oder Oel, hacke Zwiebeln klein,. röste sie, daß sie blau werden und würze sie mit allerlei Würze, ohne Muskatenblume, zerlaß sie mit einem Weine oder Essig, lege den gerösteten Hecht auf die Schüssel, gieß die Zwiebeln obendrauf. Willst du ohne Zwiebeln so nimm einige gute Aepfel, schäle sie und hacke sie fein klein, zerreibe einen Theil derselben, daß sie werden wie eine Salsen (Sauce) und nimm ein wenig Wein oder Essig, dazu thue die gehackten und zerriebenen Aepfel, laß sie sieden daß das Sod dicklich werde, würze sie wie vor. Däucht dir das Sod sauer so lege Honig daran und geuß es auf den Hecht.

27.

Zum Abendessen ein gebacken Hechtlein.

Backe den Hecht in Butter oder Oel, darnach nimm süßen Rahm schlage darein zwei oder drei Eidotter und laß den Rahm mit den Dottern sieden, doch rühre um, daß es nicht zusammenläuft, würze mit Pfeffer Ingwer Muskatenblume und Saffran. Dann lege den Hecht auf eine Schüssel und geuß den Rahm obendarauf.

28.

Altbratene Karpfen oder Hechte, ein herrlich Gericht.

Schuppe die Fische, wasche sie, nimm sie aus, stecke sie an einen Spreß oder brate sie in einer Pfanne und mache folgendes Sod darauf. Brate einige Aepfel und wenn es geschehen ist so thue sie in einen Mörsel, dazu etwa etliche Rinden von Roggenbrod, zerstoß das aufs kleinste, zerlaß es mit Wein und Essig durch einander gemischet, treib das also durch ein Tuch oder Sieb, würze es wol mit Pfeffer Nelken und Saffran, nimm die Fische, und lege sie in das Sod, gieb sie auf die Schüssel, geliebt dirs schneide Aepfel länglich, mache sie gelb, röste sie ein wenig, lege sie oben auf die Fische, geliebt dirs beschütte sie mit Ingwer oder Zimmetrinde.

29.

Einen Schwanz von einem Welse zu braten.

Geuß heißsiedendes Wasser drauf und brühe ihn rein aus daß der Schlamm herauskömmt, schabe ihn mit einem Messer rein und wasche ihn wieder mit reinem Wasser, das recht kalt ist, dann lege ihn auf eine Schüssel oder Mulde und salze ihn wol, stich Löcher dadurch und binde auf jede Seite zwei hölzerne Spieße recht fest, lege den Schwanz gegen das Feuer, daß er trocknet auf beiden Seiten und lege ihn auf einen Rost und thue ein klein Kohlenfeuer darunter, drehe ihn oft um. Wenn er gar gebraten ist lege ihn auf eine Schüssel, nimm die Spieße davon, bestreue ihn mit Ingwer und giebs hin. Ist ein höfliches Essen, etwan für einen Bischoff oder Abt.

30.
Ein trefflich Krebsgericht.

Zeuch den Krebsen die Därme aus, so sie im Schwanz haben, und nimm ihnen das bittere im Haupt (den Magen). Dann stoße eine Anzahl Krebse im Mörser und wenn sie gestoßen sein gieß Milch darauf und presse es durch ein Sieb, dann geuß es in einen Kessel oder einen Topf, setze es zum Feuer und laß es etwas einkochen, doch daß es nicht anbrenne. Dann schütte die Masse auf ein reines Tuch, wirf kleine Rosincken hinein, mische das fein untereinander daß sichs hart zusammendrücke, schneide es in breite Stücken und mache ein braunes Sod darauf von Pfefferkuchen und von Wein, und würze es ab mit allerlei Würze und lege darein diese vorgenannten Stücke und laß das wol aufsieden und koste es zu rechter Maaße, mache ihm einen lieblichen Schmack und giebs hin.

31.

Krebfe mit Aepfeln in Torten zu thun.

Nimm kleine weinsaure Aepfel, schäle und schneide sie in vier Theile, lege sie auf eine Schüssel und mache sie wol gelb mit Saffran, und wenn die Torte halb gebacken ist so lege die Aepfel hinein und decke sie wieder mit der Stürze zu und laß sie backen. Wenn sie gar ist so richte sie an und nimm Krebse, die siede ab und schäle die Häupter und Scheeren, und wenn sie geschält sind so thue die geschälten Krebse in die Torte.

32.

Ein köstlich Sod von Krebsen zu machen.

Brich den Krebsen die Köpfe ab und nimm ihnen das Bittere und zieh ihnen den Darm im Zagel aus, weil sie noch roh sind, dann wasche sie rein aus, zerstoße sie in einem Mörser und nimm darunter Weißbrod und machs auf mit einem Weine und siede Fische darinnen, Hechte oder auch gemeine Fische, und laß es wol absieden, dann würze es ab mit Pfeffer Ingwer, Saffran, und wenns wol eingesotten ist so richte es an und giebs hin.

33.

Gefüllte Krebse.

Brich den Krebsen die Scheeren und Schwänze ab, siede sie, schäle das Fleisch heraus und hacke selbiges klein, thue dazu Rosinken und ein wenig Weißbrod, ein wenig grüne Petersilie und andere gute Kräuter. Nimm Pfeffer, Ingwer, Saffran und menge es wol durcheinander und salze es zu rechter Maaße und laß die Rücken und Bäuche von den Krebsen ganz bleiben, nimm das Bittere mit einem Messer heraus und fülle das Gehackte hinein. Wenn sie wol gefüllt sind so nimm die Beine (Schalen) von den Scheeren und dazu Petersilienwurzel und Weißbrod, stoße es wol durcheinander in einem Mörsel. Wenn das klein ist so mache das auf mit dem Wasser, da die Petersilie drin gesotten hat, und drücke es durch ein Tuch oder Sieb, dann lege die gefüllten Krebse in eine Pfanne, gieß den Sod darauf und laß es wol sieden. Wenns gesotten ist so würze es ab mit Pfeffer, Ingwer, Saffran und salze es zu rechter Maaße. Man soll sich aber in diesem Gericht nicht überessen weil es baß schwer zu verdäuen ist.

34.

Krebse in Beifuß (?) zu machen.

Wasche die Krebse rein aus und lege sie in eine Pfanne und siede sie ab, dann nimm sie und schäle die Schwänze und

Scheeren, und die Bäuche und Beine halte zusammen aber den Rücken wirf weg. Dann stoße die Bäuche und Beine in einem Mörser und dazu Weißbrod und stoße alles wol durcheinander, mache es auf mit einem Wein oder jungen Bier und zeuch das durch ein Tuch oder Sieb, und lege darein die geschälten Krebse und laß das wol sieden und mache es süßlich oder säuerlich und würze es ab mit Pfeffer, Ingwer, Muskaten, Saffran und salze es zu rechter Maaße und giebs hin.

II.
Vom Geflügel.

1.

Wie man gebackenes Geflügel die Fasten über bis nach Ostern halten soll.

Willst du wissen wie man soll allerlei Geflügel über die Fasten bis nach Ostern lang halten, es sei von Rebhühnern, Haselhühnern, Birkhahnen, große oder kleine Vögel, so brate sie ab und salze sie ab gleich am Spieße oder in der Pfanne. Alsdann nimm Semmel und Pfefferkuchen und geuß einen

Wein oder süße Langweil (?) in einen Topf und lege dazu den
geriebenen Pfefferkuchen (so kannst du das auch darnach ma=
chen) laß das wol sieden und wenn es gesotten ist so treibe es
durch ein Sieb und thue es wieder in einen reinen Topf. setze
es zum Feuer und thue darein Zucker oder Honig, mache ihm
einen säuerlichen Geschmack, würze es wol ab mit Pfeffer und
Saffran und salze es und koste es zu rechter Maaße, und wenns
mit der Würze gesotten ist so setze es vom Feuer und thue
daß es kalt wird, nimm dann ein warmes Tischbier und
wasche damit das Geflügel, dann nimm ein Fäßlein und lege
die Vögel hinein, dann laß es fest zumachen und bohr ein den
Boden ein Loch, nimm ein Trichterlein und fülle den kalten
Sod hinein bis es voll ist und schlage dann einen Zapfen
darauf, und wenn sichs gesetzt hat so zieh in zwei Tagen den
Zapfen wieder heraus und fülle es wieder voll und stopfe es
fest zu. Wenn es so acht Tage gestanden hat so zapfe das
Sod rein heraus, thue es in einen Topf und setze es zum
Feuer, erfrische es mit einem Weine und schäume es rein ab,
und laß es wol wieder kalt werden und fülle es in das Fäß=
lein, stopfe das fest zu und stelle es in ein kühles Gemach und
drehe es oft um. Wenn du Geflügel brauchst so nimm aus
dem Fäßlein so viel du dessen bedarfst und erfrische es wieder
wie oben steht mit Wein und allerhand Würze, thue darein kleine

oder große Rosincken und giebs den Brüdern, kalt oder warm wies ihnen beliebt.

2.
Große Vögel lange roh und gut zu erhalten.

Willst du große Vögel lange roh und gut erhalten so nimm Wachholderbeeren und Kümmel, schütte sie in einen Mörser und stoße sie klein, rupfe die Vögel hübsch rein, nimm sie aus und lege sie in einen Topf und schütte dazu diese gestoßene Gewürze. Dann gieße darauf ein Quart Weinessig salze es etwas und machs fest zu, daß die Fliegen nicht darzu kommen. Wenn du der Vögel bedarfst so wasche sie rein aus, wässere sie einige Stunden lang und wenn dirs gefällt so magst du sie braten.

3.
Wilde oder zahme Gänse, Enten und Kapphahnen auf hungarisch anzurichten.

Nimm die Vögel und brate sie wol ab und mache darauf ein Sod (?) nimm Weinessig und Wein, schlage Eier hinein und mache daraus ein gute Sausen, lege darein ein ganzes, rohes Knoblauchhaupt, oder auch zwei, und laße das sieden, würze es ab mit Muskaten und Muskatenblume, Ingwer

und Saffran und mache ihm einen lieblichen Schmack, und
wenn die vorgenannten Geflügel gebraten sein so lege sie auf
die Schüssel gieß den Sod drauf und laß es essen.

4.

Gänse auf eine andere Meinung anzurichten.

Willst du sie haben auf eine andere Meinung so nimm
Kirschen und Weißbrod und lege es in einen Topf, geuß dar,
auf einen guten Wein und setze es zum Feuer, laß es aufsieden und wenn es gesotten ist so treib es durch ein Sieb und
lege darein Zucker oder Honig und würze es ab mit allerlei
Würze und brauche das Sod zu den vorgenannten Geflügeln.
Also magst du auch machen gebackene Fische.

5.

Eine gute Saltze (Sauçe) zu Gebratenem zu machen.

Willst du machen eine gute Saltze zu gebratenen Vögeln
und anderm feinen Fleisch so nimm geriebene Mandeln thue
dazu geriebene Semmel, mische es wol durcheinander, mache
es an mit Wein, würze es mit Zimmet und Ingwer und Muskaten, mache es süße oder säuerlich, nur nicht zu dick oder zu
dünne, und gieb es neben dem Gebratenen hin.

6.

Ein köstlich Sod auf Repphühner, Kapphahnen und andere Hühner.

Koche die Hühner daß sie gar werden, nimm eine Hand voll Reis, koche den wol, darnach thue ihn in einen Mörsel, röste einige Schnitte Weißbrod und eine oder einige Hühner-lebern und bräkele das in einem Tiegel im Schmalze, darnach thue es zum Reis in den Mörser, zerstoße das wol und zer-laß es mit den Sode darinnen du die Hühner kochst. Treibe das durch einen Durchschlag der nicht weitlöcherig ist und geuß das also auf die Hühner, würze sie mit Saffran, Ingwer, Muskatenblume, laß das aufsieden und gieb es auf die Schüssel.

NB. Ist von meiner Muhme Walpurgis Hartzmannin an mich gelanget, so eine feine Kocherin.

7.

Allerlei gebratene Hühner anzurichten.

Brate Hühner, Jung oder Alt, und thue einen Löffel wol-gesottene Zwetschken (Pflaumen) oder Kirschen in Wein oder Essig, laß das also aufsieden, treib es darnach durch ein Tuch oder Durchschlag, zergliedere die gebratenen Hühner, lege sie darein, würze sie mit Pfeffer, Nelken und ein wenig Saffran, dünkt dich das Sod zu sauer so lege ein wenig Honig darein.

8.

Gebratene Hühner in einem grünen Sode.

Nimm die Hühner, salze und brate sie, darnach nimm Petersilien, Salbei und ein wenig Pfeffer, zerreibe das fein klein wie eine Saltze (Sauçe) und zerlaß es mit einem Wein und treibs durch einen engen Durchschlag daß es nicht also dünne sei, reib auch eine Schnitte weiß Brod mit, darnach mache das fein warm, geuß es auf die Hühner, dünket dichs zu sauer thue Zucker an das Sod und gieb es auf die Schüssel, geliebet dirs streue oben auf Zimmetrinde oder gestoßenen Ingwer.

9.

Junge Hühner auf hungarisch.

Koche die Hühner wol und nimm zweischalige Zwiebeln, schäle sie und koche sie wol in Wein. Darzu thue Petersilienwurzel. Wenn das wol gekocht ist so zerreibe das klein wie eine Saltze (Sauçe) und treibs durch ein Tuch mit dem Weine darin du die Zwiebeln gesotten hast, thue ein wenig Weinessig darzu und lege die gekochten Hühner darein, würze sie mit Ingwer, Zimmetrinde, Muskatblume, Saffran.

Willst du das zieren so bräkele Mandelkerne, Rosincken und thue sie darzu. Das ist an geistlichen Höfen und beim Adel Gewohnheit, habs zuerst gessen beim Verlöbniß des Junkers Rudolf Nehrhoff von Holdenberg.

10.
Noch eine gute Art Hühner anzurichten.

Koche die Hühner in einer Rindssuppe (Fleischbrühe) und salze sie nit sehr. Wenn sie gekocht sein nimm Essig mit Wasser gemischt, thue darein einen Löffel oder auch zwei gesottene Zwetzschen (Pflaumen) oder Kirschen eine Dapenke (Rinde) von Roggenbrod, das laß also sieden. Darnach zerreibe die Dapenke klein, treibs durch ein Tuch oder Sieb, lege die Hühner in das Sod, laß sie ein wenig sieden, würze sie ein wenig mit Pfeffer, Ingwer, Nelken und ein wenig Saffran. Geliebt dirs ziere sie oben drauf mit gelb gemachten Aepfeln wenn du sie auf die Schüssel giebst.

11.
Haselhühner oder Trappen in einem gelben Sode.

Koche die Haselhühner oder Trappen und brate eine halbe Henne. Wenn die gebraten ist so thue sie in einen Mörsel, zerstoß sie klein und zerlaß das zerstoßene Fleisch mit einem

Sod wie in Nummer 6 angegeben ist, zerstoße auch etliche Petersilienwurzel, treib das also durch ein Tuch oder Sieb und thue es also auf die Haselhühner, würze sie mit Pfeffer, Ingwer, Saffran und Muskatenblume. Schau daß das Sod nicht zu lang sei auch habe das Salz eingedenk.

12.

Gehackte Hühner anzurichten.

Willst du gehackte Hühner machen so nimm gute alte gebrühete Hühner, zeuch ihnen die Haut ab, zergliedere sie und schneide das Fleisch überall von den Knochen ab so viel du kannst. Lege dasselbige Fleisch auf ein reines Bret oder Muldchen, nimm guten Speck darunter, lege die Knochen in einen Topf, setze sie mit Wasser an das Feuer, salze ein wenig und laß die Knochen wol sieden. Dann nimm weißes Brod, legs zum Hühnerfleisch, hacke beides klein, schlage Eier drein wie ein Klößlein, daß es nicht zu dünne wird, würze es ab mit Pfeffer, Ingwer, Muskatenblumen, Saffran, und salze es zu rechter Maaße. Nimm die Gebeine aus dem Topf und laß die Suppe am Feuer stehen und winde das gehackte Fleisch um die Gebeine daß sie wol umgeben sind und lege sie wieder in die Suppe und laß das sieden bis dich däucht daß es genug ist. Alsdann würze es mit Pfeffer, Ingwer, Safran und wirf Muskatblume drein, schneide grüne Petersilie dazu und giebs hin.

NB. Ist ein Gericht für junge Eheleut nach Doctor Nigrini ernster conservatio.

13.

Junge Hühner in einem polonischen Sode zu machen.

Hast du Lust junge Hühner auf polonisch zu bereiten, so haue sie klein, wasche sie rein aus und thue sie in einen Topf, nimm geschälte Zwiebeln, wasche sie rein aus und lege sie zu den Hühnern in den Topf, setze sie zum Feuer, gieße drauf ein reines Wasser und laß sie wol sieden, schäume sie rein ab und salze sie nicht zu sehr. Wenn sie gesotten sein, so schütte sie in ein Sieb oder Durchschlag, daß sich Suppe davon seihet, thue die Zwiebeln in einen Reibetopf, reibe sie klein und lege die Hühner wieder in den Topf in dem sie gesotten haben, und wenn die Zwiebeln klein gerieben sein, so geuß die Suppe darauf in der sie gesotten haben und treibe sie durch ein Sieb und geuß dieses Sod auf die Hühner, setze es zum Feuer und laß sie aufsieden, würze sie mit Pfeffer, Ingwer, Saffran und Muskatenblume und koste sie zu rechter Maaße, salze sie nicht zu sehr und nicht zu wenig und gieb sie hin.

Willst du sie aber machen auf eine andere sonderbare Art

so nimm Speck uud Zwiebeln, hacke sie klein durcheinander und lege sie zu solchen jungen Hühnern in den Topf und laß sie wol sieden, würze sie ab mit vorgenannter Würze wie oben geschrieben steht, und diese Zwiebelu magst du auch brauchen auf alte Hühner.

14.

Junge Hühner mit Lemonien zu sieden.

Willst du junge Hühner mit Lemonien (Citronen) machen so nimm acht oder zehn Lemonien, hacke sie klein mit einem Weißbrod, nimm kleine Rosincken darunter, eine gute Hand voll, lege es in einen Topf, geuß drei Quart oder Kannen Wein druff und lege dazu ganze gesottene Hühner, setze das zum Feuer, laß es wol sieden, würze es mit Pfeffer, ein wenig Ingwer, Muskatenblumen, Zimmet, Saffran, thue Zucker drein, mache ihm einen lieblichen Schmack, salze es, koste es zu rechter Maaße und gieb sie hin mit etwas Zimmet bestreut.

Will Einer aber junge Hühner mit Lemonien auf eine andere Weise, ganz und gar zerschnitten, wie viel du ihrer haben willst, auf eine Schüssel machen, so nehme er dazu sechs Lemonien, lege sie in einen Topf und laße sie wol sieden. Dann nehme er eine Petersilienwurzel, lege selbige in den Topf zu den Hühnern und laß sie wol sieden. Wenn sie weich gesotten sein so thue er die gesottene Petersilienwurzel und Lemonien in einen Reibetopf, nehme weißes Brod darunter, reibe es wol klein und geuß den Hühnersod darauf, treibe es durch ein Sieb und geuß es wieder auf die Hühner im Topfe und lasse es recht aufsieden, würze es ab mit Pfeffer, Ingwer, Muskatblüthen, Saffran, salze es rechtgehörig und lege darein ganze Lemonien und zerschneide sie wie er sie haben will, laß sie wol sieden und mache daraus einen guten Geschmack und richte sie an.

Also mag man ·auch die Söder machen auf alte ganze oder zerschnittene Hühner, wie man sie am liebsten haben will.

15.
Junge oder alte Hühner zu kochen.

Willst du schaffen junge oder alte Hühner für den Tisch, daß sie ganz bleiben, so siede sie ab in einem Wasser nicht zu weich noch zu hart, und wenn sie gesotten sind so nimm sie von dem Feuer daß sie nicht zu weich werden. Nimm klein geriebene Mandeln, koche sie auf mit der Suppe darin die Hühner gesotten haben, mache es nicht zu dick noch zu dünn, geuß es wieder in den Topf auf die Hühner, thue darzu kleine oder große Rosincken und laß sie aufsieden. Salze zu rechter Maaße, richte sie an und bestreue sie mit gutem Gewürz. Dann giebs hin.

16.

Junge Hühner in einer Mandelsuppe.

Willst du junge Hühner in einer Mandelsuppen vorsetzen so nimm geröstete Semmel, schneide die Rinde davon daß nichts Verbranntes dran sei, lege sie ganz in eine Schüssel, streue darauf kleine Rosincken, mache geriebene Mandeln mit einem guten Wein und laß das auffsieden, würze es ab mit Zimmet und lege auf die Semmel ganz gesottene Hühner, geuß darauf diese ganze Mandelsuppe und bestreue sie wol mit Zimmet. Wird viel auf Burgen und Schlössern gessen, wie mich Hans Bomniß berichtet.

17.

Junge oder alte Hühner in der Würze.

Willst du machen junge oder alte Hühner in der Würze so zergliedere sie und siede sie ab in einem Topfe, thue darzu Petersilienwurzel und laß sie wol sieden und wenn sie gesotten wirf dieselbe in einen Mörser, thue dazu die Hälse von den Hühnern und die Lebern, eine oder etliche, auch geröstetes Weißbrod, und stoß das klein durcheinander, geuß darein die Suppe von den Hühnern treib das durch ein Sieb oder Tuch und geuß es wieder auf die Hühner, setze es zum Feuer und

laß sie wol sieden, würze es ab mit Pfeffer, Ingwer, und Safran, thue dazu Muskatblumen und mache ihm einen guten
Schmack. Willst du es noch trefflicher haben so gieß dazu
einen guten Wein und so es zu sauer schmeckt mache es mild
mit Zucker oder Honig, ist es aber Herbst so wirf frische Weinbeeren dazu, auch schneide feine Birnen drein, und so du die
Birnen auf die Hühner willst braun haben so schäle und
schneide sie in vier Theile, darnach sie groß sind, und backe sie
ab in einem Schmalze daß sie hübsch braun werden, schütte
sie zu den Hühnern und laß sie mit sieden und gieb sie hin.
Also mag man auch machen große oder kleine Vögel. So
richte an, koste es ehrlich und schicks zu Tisch.

18.

Gebratene Hühner in ein Gescherbe.

Willst du haben gebratene Hühner in einem Gescherbe
(gleichviel ob sie alt oder jung sein) so nimm geschälte Aepfel
und Zwiebeln, schneide aus den Aepfeln die Strüncke und
Gräbse und die Aepfel und Zwiebeln klein untereinander,
schütte dazu kleine Rosincken, thue sie in einen Topf, geuß darauf ein wenig Wasser und laß es ganz treuge einsieden, schütte
sie in einen thönernen Tiegel und thue dazu ein wenig Schweinschmalz, röste sie wol und hübsch braun und nimm geriebenen

Pfefferkuchen in einen Topf und darunter zwei Quart Wein, geuß ihn zu dem Pfefferkuchen setze es zum Feuer und laß es wol sieden, thue darein Zucker oder Honig, mache ihm einen lieblichen Schmack, lege die gebratenen Hühner drein und schütte dieses Gescherbe aus dem Tiegel drauf und laß das wol miteinander aufsieden und richte es an. Darauf giebs zu deinen Ehren auf. Also kannst du auch große und kleine Vögel machen.

19.

Hühner in Meerrettig.

So du willst gut Hühner zurichten in Krihe oder Mörrettig so siede feine fette Hühner in Wasser, daß sie wol weich werden. Nimm den Krihe oder Mörrettig und zerreibe ihn in einem Reibetopf oder Schabeisen und thue darunter eine Hand voll geschälte Mandeln, reibe das wol klein untereinander nimm darnach in dieselbe Suppe den Mörrettig auf, nicht zu dick aber auch nicht zu dünne, sondern daß es eine rechte Maaße hat, lege gebähete Semmel auf eine Schüssel und lege darauf die Hühner und die Semmel. Willst du, so kannst auch einen gebratenen Nierenbraten drauf legen. Dann gieß den heißen Mörrettig drauf und bestreue es mit etwas guter Würze und schicks hinein.

20.

Junge Hühner mit Pomeranzen.

Wenn du junge Hühner mit Pomeranzen haben willst, so siede die Hühner in Wasser und wenn sie gesotten sind so gieß das Wasser ab und schütte einen guten Wein dazu, dann nimm die Pomeranzen schäle sie und lege sie zu den Hühnern in den Wein, setze sie zum Feuer und laß sie aufsieden, würze sie ab mit Cinamey, Ingwer, Muskaten, Muskatenblume, Saffran, Zucker und mache ihm einen guten süßen Schmack, salze sie zu rechter Maaße, dann giebs hin.

21.

Kapphahnen in einem Rosenwasser.

Suche recht gute fette Kapaunen oder Kapphahnen heraus, stecke die an einen Spieß oder brate sie auch in der Pfanne, aber nur etwas ab, daß sie nicht zu sehr gebraten sind. Nun nimm geschälte Zwiebeln, schneide sie hübsch scheibelig in eine Schüssel, geuß darauf eine magere Rindssuppe (Fleischbrühe) setze die Zwiebeln mit der Schüssel auf einen Rost, thu darunter ein kleines Kohlenfeuer daß die Zwiebeln warm sieden in der Schüssel. Nimm dann die gebratenen Kapaunen, zergliedere sie und laß die Glieder an einander hangen bleiben, kerbe sie hübsch auf den Brüsten nach der Länge und lege sie in die Schüssel zu den Zwiebeln, würze sie ab mit Ingwer, Muskatblume und sonstigem Gewürz, geuß ein halb Quart Rosenwasser drein und decke eine andere Schüssel darüber, thue ein etwas stärkeres Feuer drunter und sieh zu daß es wol durcheinander zieht, daß nicht zu viel Sod bleibt, und wenn dirs gefällt so giebs hin. Ist ein trefflich Essen für einen armen geistlichen Mann, aber auch ein stattlich Junkernessen.

22.

Ein Pastet von Repphühnern oder Haselhühnern oder zahmen Hühnern oder großen und kleinen Vögeln oder wilden Entvögeln und Gänsen oder Kälberbrüsten wie dirs am besten gefällt zu machen. Das ist ein köstlich Gericht.

Erstlich nimm die Repphühner, Enten oder sonstige Vögel, brate sie zur Hälfte ab und schneide sie zu kleinen Stücken. Nun nimm Weitzen- oder Roggenmehl und mache davon einen harten Teig mit Wasser, denselbigen höle aus, wie ein Reibetöpflein tief, und wenn du ihn hübsch hohl gemacht hast so nimm Rindermark, zerschneid es fein klar und streue es in diesen Teig, schütte dazu Majoran, Rosmarin und andere gute Kräuter und lege darauf was du haben willst von diesen genannten Geflügeln daß der Boden gleich bedeckt wird, schütte darauf Pfeffer, Nelken, Muskaten, Muskatblume, Ingwer und Rosincken, große oder kleine. Wenn du willst kannst auch klein geschnittene Mandeln beischütten, streue darauf die vorgenannten Kräuter und lege wieder eine Schicht des zerschnittenen Geflügels darauf, darnach wieder die genannte Würze so lange bis der Teig voll ist. Nun mache darüber einen Deckel von Teig, lege ihn oben darauf, mache ihn fest und oben in der Mitte ein klein Löchlein hinein und setze es auf eine Schüssel damit man Brod in den Ofen schiebt und schiebs in einen heißen Ofen, der aber nicht gar zu heiß ist, da drin laß es backen fein langsam. Wenn das nun eine halbe Stunde die Hälfte gebacken ist so nimms heraus und gieße Rosenwasser durch das Löchlein hinein und setze es wieder in den Ofen und laß die Pasteten noch eine Weile drinnen stehen. Willst du sie nun aufgeben so schneide den obersten Deckel zu rings herum hübsch auf und laß also den Deckel darauf liegen, dann schicke es zu Tisch und du wirst groß Ehr darvon haben.

23.

Große oder kleine Vögel mit Zwiebeln anzurichten.

Will man große oder kleine Vögel in Zwiebeln machen, so setze die Vögel zu und laß sie wol sieden, nimm geschälte Zwiebeln und hacke sie klein, thue sie in eine Pfanne oder in einen Tiegel, thue drein ein wenig Schweinschmalz und eine rinderne Suppe (Fleischbrühe) setze es über das Feuer und laß es wol sieden. Dann geuß das Wasser von den Vögeln und schütte sie in die Zwiebeln und laß sie wol kreischen, würze sie wol ab mit Pfeffer, Ingwer und Saffran. Wenn sie nun wol gekreischet, daß sie nicht zu feucht noch zu treuge sein, so richte nur immerhin an und giebs hin.

24.

Enten oder Birkhühner in schwarzem Sode zu machen.

Nimm die Birkhühner, mache sie rein, salze sie, und brate sie wol halb, darnach nimm einen Wein, thue darein gesottene Zwetschen oder Pflaumen oder auch Kirschen, einen oder zwei Löffel voll, röste eine Schnitte Weißbrot, thue die auch dazu, laß das Alles also sieden und seihe darnach das Sod durch ein Tuch, nimm die Enten oder Birkhühner, lege sie in das Sod, laß sie also kochen, bis sie vollends gar werden. Dünket dich das Sod zu sauer dann thue Honig oder Zucker drein und würze mit Pfeffer, Ingwer, Nelken, thue ein wenig Schmalz daran. Wenn du sie hineinschicken willst so schneide Aepfel länglich, wie Rüben, bräkele sie ein wenig in einem Tiegel, mache sie gelb und lege sie oben auf die Enten oder Birkhühner.

25.

Enten oder Birkhühner in einer gelben Brühe.

Du darfst sie nicht braten. Mache sie rein, hacke ihnen die Flügel ab, brate diese auf einem Roste und röste eine Schnitte Weißbrod, thue das mit einander in einen Mörser, zerstoß es aufs kleinste, daß es werde wie ein Käse und koche die Enten oder Birkhühner daß sie gar werden, nimm dann eine Suppe von Rindfleisch, die nicht sehr gesalzen ist, zerlaß das Gestoßene im Mörser und treib es durch ein Tuch und lege die gekochten Birkhühner drein, würze sie mit Pfeffer, Saffran, Muskaten= blumen und thue ein wenig Schmalz daran, schneide das vier= eckigt, und lege es auf die Birkhühner, bestreue es mit Ing= wer, Zimmet oder was dir sonst beliebt.

26.

Birkhühner und Enten in Zwiebeln.

Brate die Vögel wol ab und schäle Zwiebeln, hacke sie fein klein, röste sie in einem Tiegel daß sie braun werden, dar= nach zerhacke die Enten und Birkhühner und koche sie in einer Rindfleischbrühe, daß sie vollends gar werden. Darnach menge die gerösteten Zwiebeln mit einem guten Wein und würze sie mit Pfeffer, Saffran, dessen aber nicht viel, und Nelken und thue die Zwiebeln oben darauf in den Kessel oder Topf, schau zu daß das Sod nicht zu lang (dünn) ist und gieb es den Gästen. Ist des Syndici Gustavi Körners Leibspeiße.

27.
Vögel in Birnen gekocht.

Koche die Vögel daß sie gar werden und nimm davon die Lebern und Köpfe, zerreibe oder zerstoße sie klein und zerlaß sie in einer Rindfleischsuppe die nicht sehr gesalzen ist. Dann seihe das durch ein Sieb und lege die Vögel in das Sod, schneide Birnen und koche sie besonders in einem Töpflein, darnach thue sie zu den Vögeln und würze sie, laß sie aufsieden und gieb sie auf die Schüssel. Hab das Salz eingedenk!

28.
Gebratene Vögel gefüllt in der Würze.

Willst du die Vögel also zurichten so rupfe dieselben recht rein und nimm sie aus, schäle Aepfel oder Birnen und nimm reinen Speck, eine oder zwei Stauden Petersilie und eine Hand voll Rosincken, hacke das durcheinander und fülle es in die Vögel, speile sie zu daß das Füllsel nicht heraus fällt und stecke die Vögel an den Bratspieß oder lege sie auch in die Pfanne, brate sie und nimm dann Rahm oder gute Milch, siede die und lege die gebratenen Vögel darein. Würze sie mit Safran, Ingwer, Muskatblumen und gieb sie auf die Schüssel.

29.
Wilde Enten zuzurichten.

Koche die Entvögel und mit ihnen ein Stück Speck. Darnach nimm den Speck, die Lebern von den Enten, braun geröstet, weißes Brod, Petersilie, zerstoße das in einem Mörser, zerlaß es mit dem Sode wo du die Enten drinnen kochtest, treibe das durch ein Tuch, zerlege oder zerhacke die Enten, lege sie in das Sod, würze sie mit Pfeffer, Saffran, Nelken, geuß ein wenig Wein dazu, laß das allmälig aufsieden und schüssele auf. Das Salz vergiß nit.

30.
Zahme Enten anzurichten.

Nimm zahme Enten, rupfe sie und mache sie wol rein, brate sie, darnach mache dran ein Kirschenmuß, geuß es drauf und gieb sie auf den Tisch.

31.
Birkhühner oder wilde Entvögel in einem guten Sod.

Rupfe die Vögel, nimm sie aus, wasche sie mit Weine oder hast du den nit mit gutem Essig, gemischt mit Wasser,

4

thue darzu Hühnerblut, koche das Alles allmälig, röste eine
Schnitte Weißbrod daß sie braun wird, lege sie in Fleischbrühe
und zerstoße sie dann, nimm dazu Petersilienwurzel, zerlaß das
mit der Suppe darin du die Enten gesotten hast, treib das
durch ein Tuch oder Sieb, zerschneide die Enten, lege sie in
das Sod, würze sie mit Pfeffer, Ingwer, Nelken, Safran, thue
Schmalz dran, laß das aufsieden und giebs auf die Schüssel.

32.
Vögel in Senf zuzurichten.

Koche die Vögel, darnach zerreibe den Senf fein klein, zer=
laß den mit einem Essige, treib ihn durch ein Sieb, lege Honig
dazu soviel dich dünkt und thue die Vögel in einen Topf, gieß
den Senf oben drauf laß es kalt werden und giebs hin.

33.
Wachteln mit Rahm.   Ein köstlich Essen.

Koche die Wachteln daß sie gar werden, darnach wasche
sie reine aus und klaube die kleinen Federchen aus, dann nimm
süßen Rahm, laß den sieden und würze mit Pfeffer, Safran
und geliebt dirs, thue auch Muskatblumen hinzu. Lege dann
die Wachteln drein, laß sie aufsieden und gieb sie auf die
Schüssel.

34.

Ein höflich Essen von einem Pfauen zu machen.

Willst du machen ein höflich Essen von einem Pfauen, so rupfe ihn und laß den Schwanz und auch die Federn auf dem Haupte dran bleiben, und verbind den Schwanz sammt dem Haupt mit nassen Tüchern daß sie wohl verwahret sein, und stecke den Pfau an einen Spieß und brate ihn fein ab, wenn er dann gebraten ist lege ihn auf eine Schüssel und mache den Hals hübsch mit einem Drahte daß er empor steht und zeuch auch eiserne Drähte durch die Federn am Schwanz und breite sie fein auseinander und mache darzu eine gute Brühe oder gelben Sod und mache eine Farbe darzu durch Mandelkerne und Rosincken.

35.

Ein gut Sod auf gebratene Trappen, Kraniche, Schwäne, Birk-hähne, Auerhühner, Fasanen, Pfauen, Sigelhühner oder andere gute Vögel, auch auf eine Rehkeule zu machen.

Nimm ungeschälte Mandeln auf eine Pfanne und röste sie wol ab, stoße sie in einem Mörser, wirf dazu etliche Bähe-

4*

schnitten von Semmel und stoß das flugs durcheinander aufs Allerkleinste. Nimm dazu einen guten Wein, seihe das Alles durch ein Tuch, thue das Gesichte in einen Topf, laß es drin aufsieden, thue Zucker darein, mache einen lieblichen Schmack, süßlich und säuerlich, wie es dir am besten gefällt, würze es ab mit Ingwer, Muskaten, Muskatenblumen und wenn das Sod fertig ist so gebrauche es aufs vorgenannte Geflügel oder Wildpret. Und wenn du es anrichtest bestreue es mit Zimmet und gieb es hin.

36.

Ein Sod auf junge gebratene Hühner.

Brate erstlich die Hühner ab, und laß sie ganz bleiben, dann nimm Mandeln in eine Pfanne, röste die wol ab, daß sie fein braun werden, schütte sie in einen Mörser, nimm darzu gebähetes Weißbrot und stoß das klein, machs auf mit einem guten Weine, laß es durch ein Tuch laufen und thue das Sod wieder in einen reinen Topf, dann setze es wieder eine Weile ans Feuer. Würze es ab mit Zimmet, Muskat, Muskatblumen und Ingwer, dann salze es. Hierauf lege die Hühner auf eine Schüssel und gieß das Sod darauf, auch kannst du noch etwas Zimmet und kleine Rosincken darauf streuen.

37.

Ein trefflich Sod auf gekochte junge Hühner.

Stoße geschälte Mandeln hübsch klein, geuß Wein darzu und Weinessig, schlags durch ein Tuch oder Sieb, thue es in einen reinen Topf und laß das auffsieden. Dann thue Zucker drein, mache ihm einen hübschen Schmack, säuerlich, und koste es zu rechter Maaße, setze es von dem Feuer und laß es kalt werden, zerschneide dann die jungen Hühner, eines in vier Theile, setze die zum Feuer und siede sie. Sind sie gar, so lege sie hübsch auf eine Schüssel und laß sie wol kalt werden. Wenn sie aufgegeben werden sollen so geuß die Mandelsuppe drauf, schütte große Rosincken hinzu oder Zibeben, und bestreue sie mit Zimmt.

NB. Hat Bruder Johannes mit aus der Schlesigen bracht, ist ein windisch Essen.

38.

Ein gut Sod auf alle gefangene Vögel.

Koche die Vögel in Fließwasser, nimm ein Stück wolzerkochtes Rindfleisch, zerhacke das klein, darnach stoße es klein in einem Mörser, verbrenne drei Birnen auf dem Rost bis sie schwarz sind, röste eine Schnitte Weißbrod, zerreibe das Alles und wirf es in Fleischbrühe die nicht zu sehr gesalzen ist, siede es und drücke es dann durch ein Tuch. Hierauf lege die gekochten Vögel hinein, schäle Birnen, zerschneide sie zu vier Stücken, lege sie dazu, laß allmälig sieden, würze mit Ingwer, Muskatenblume, Zimmtrinde und ein wenig Pfeffer, laß es noch einige Augenblicke aufsieden und schicks hinein.

39.
Ein gut Sod auf Repphühner.

Nimm ein Stück gutes gekochtes Rindfleisch und etwas reinen Speck, zerhacke beides klein, thue es in einen Mörser, und zerstoße es wol mit einigen Schnitten braun geröstetem Weißbrode. Hierauf koche die Repphühner besonders in einem Topfe oder Kessel, in einer Fleischbrühe von Rindfleisch die nicht zu sehr gesalzen ist. Alsdann nimm den Inhalt des Mörsers, stoße ihn durch ein Tuch und lege darein die Repphühner, gieß aber vorher etzlichen Wein zu dem Zerstoßenen. Hierauf würze die Speise mit Ingwer, Zimmetrinde, Saffran, Muskatblumen, Pfeffer, jedoch nicht zu viel, laß allmälig aufsieden und mache das Sod nicht zu dünn. Vergiß das Salz nit.

III.

Vom Wildbraten und zahmen Fleisch.

1.

Einen Hasen in seinem eigenen Sode zu machen.

Wer da will einen guten Hasen in seinem eigenen Sode
zurichten, der noch frisch ist, nehme darzu Wasser, ein wenig
Essig und Schweiß, schneide etwas Brod darein, setze ihn zum
Feuer und lasse ihn wol abrühren daß er nicht anbrennt.
Nimm ganze geschälte Zwiebeln, lege sie in einen Topf, siede
sie wol mit Wasser daß sie ganz weich werden und fein trocken
einsieden, schütte sie in einen Reibetopf, reibe sie klein, geuß
darzu ein halbes Quart Wein oder auch ein ganzes, darnach
der Hase groß ist und gieß das zu dem Hasen und laß ihn
darnach sieden, würze ihn wol ab mit Pfeffer, Ingwer, Nel=
ken, koste ihn zu rechter Maaße und richte an. Willst du so
bestreue ihn mit Nelken oder mache darauf eine Farbe, und
schneide Aepfel hübsch länglich, thue sie in einen thönernen
Tiegel, thue dazu kleine Rosincken, Honig und Schmalz, mache
es gelb mit Saffran, geuß darein ein wenig Wein und laß
es sieden daß die Aepfel fein weich werden, und wenn du den

Hasen angerichtet hast so streue darauf diese Farbe, daß er wol gezieret sei.

2.
Einen Hasen auf böhmisch anzurichten.

Stecke einen trefflichen feisten Hasen an einen Spieß, salze ihn und brate ihn ab bis in die Hälfte. Wenn er dann halb gebraten ist zeuch ihn vom Spieße oder aus der Pfanne, haue ihn in Stücken, lege ihn in einen Topf oder Pfanne, geuß darauf gut Bier oder Essig nimm dazu Schweiß (Blut) und ein wenig Pfefferkuchen und setze ihn zum Feuer und rühre ihn ab daß er nicht zusammenläuft, laß ihn wol sieden, nimm geschälte Zwiebeln, hacke sie klein aufs allerkleinste, thue sie in einen Tiegel und Schweinschmalz hinzu, setze sie über ein Kohlenfeuer und röste sie ganz wol braun ab, schütte sie auf einen Durchschlag, daß das Schmalz davon absieße, schütte sie zum Hasen und würze ihn ab mit Pfeffer, Ingwer und Nelken, koste ihn zu rechter Maaße. Schneide Aepfel hübsch klein würfelig, thue darunter kleine Rosincken, mache ihm eine hübsche Farbe und streue sie drauf wie im vorigen Recept geschrieben steht und giebs hin. Also mag man auch kochen Hirschen- und Rehwild, wilde Entvogel, kleine und große Vogel, wilde und zahme Gänse.

3.

Auerochsen und Elendwildpret.

Willst du haben ein gut Auerochsen- oder Elendwildpret so siede das ab mit Wasser und mache darauf ein Weinsod, braun oder gelb, wie vorgeschrieben steht auf Hirschpret. Willst du es aber mit Zwiebeln haben, so siede sie erst und rühre sie dann ab in einem schwarzen Sode und würze es mit Nelken, Ingwer, Pfeffer und kreische die Zwiebeln darauf wie vorgeschrieben stehet bei dem Hasen.

4.

Einen Hasen in seinem eigenen Sode anzurichten, nach zweiter Meinung.

Setze den Hasen zu in einem schönen Wasser, thue des Bluts darzu, untermische das zuvor und rühre bis es wol siedend wird, und schneide Aepfel länglich wie Rüben, röste sie in einem Tiegel ein wenig, mache sie gelb mit Saffran. Wenn der Hase gekocht ist würze ihn mit Pfeffer und Ingwer. Nelken sind gut darbei und wenn du den Hasen auf die Schüssel giebst so schütte die Nelken oben drauf.

5.

Einen Hasen im eigenen Sod zum Abendessen.

Zerhacke den Hasen, nimm eine Rindersuppe (Fleischbrühe)
mische sie mit Wein, thue darein Hasenblut, eine Dapenke
(Schnitte) Weißbrod und zerschneide einige Aepfel, thue sie auch
darzu, schäle einige Zwiebeln, wirf sie auch dazu, lege den Hasen drein, laß ihn also mit dem allein eine gute Weile sieden,
rühre es fleißig daß es nicht zusammenläuft. Darnach nimm
und schütte den Hasen mit dem allein in eine Mulde und klaube
den Hasen aus dem Sode, lege ihn wieder in den Topf oder
Kessel und zerreibe die Brodschnitte, Aepfel und Zwiebeln klein,
zerlaß sie mit dem Sode, treibe das durch ein Sieb oder Durch=
schlag, geuß es wieder auf den Hasen, laß ihn sieden bis es
gar werde, würze Pfeffer, Ingwer, Nelken, thue ein wenig
Schmalz dran, laß es aufsieden und gieb ihn auf die Schüssel.
Geliebt dirs schneide Aepfel fein länglich, röste sie ein wenig,
mache sie mit Safran gelb, lege sie in die Schüssel auf den
Hasen. Das ist ein gar lustig Gericht.

6.

Allerlei Wildpret das da gesalzen ist.

Wasche das Wildpret aus in Wasser etliche Male, daß das
Salz verzehrt, und koche es in einem Topfe oder Kessel, dar=

nach röste eine oder zwei Schnitten Brod thue sie in Essig mit
Wein vermischt, zerschneide etliche Aepfel, thue sie auch darzu,
laß das also sieden, wenn es wol weich wird so treib es also
durch ein Tuch oder Sieb und lege das gekochte Wildpret darein, würze es wo dirs geliebt oder schütte auch gelbe Aepfel
drauf wenn du es auf die Schüssel giebst und dirs gefällt.

7.

Ein Hirschwildpret mit einem thüringischen Sod.

Nimm das Wildpret, wasche es wol und drücke es dann
aus, in Wein, zerhacke es in Stücken und nimm eine gute
Fleischbrühsuppen die nit allzusehr gesalzen ist, sammt dem
Wein, siede das in dem Sode, laß es wol weich werden. Wenns
eine Weile gesotten hat schlage es in eine Mulde, greife das
Wildpret heraus, treibe das durch ein Tuch daß es nit also
dick ist, lege das Wildpret wieder hinein, thue darzu eine gute
Hand voll Rosinchen, zerschnittene Mandelkerne, Würze, Pfeffer,
Ingwer, Nelken, Safran und laß es sieden bis es gar wird.

NB. Solches Gericht hat der Pater Küchenmeister der Benedik=
tiner in St. Beit zu Oldislebin unserem Bruder Sebastian Kämpffen,
als er daselbst hospitiret, ehrlich angetrauet.

8.

Ein Ziemer von einem Hirsch anzurichten.

Willst du haben einen guten Ziemer von einem Hirschen
so haue ihn ab von den Hinterfüßen wo die Gelenke sind daß
der After daran bleibt, darnach nimm den Schwanz und binde
darum ein Tuch und wasche den Ziemer rein aus, und lege
ihn in einen Topf oder Kessel, geuß darauf Wasser und setze
es zum Feuer und laß einsieden und salze ihn wol und wenn
er gesotten ist so lege ihn auf einen Rost und röste ihn hübsch
braun, bestreue ihn wol mit Zucker und bestecke ihn mit ganzen Nelken, Zimmet und Muskatenblumen, mache darauf ein
gut Sod und würze es ab mit allerlei Würze, und wenn du
ihn auf die Schüssel hast geben so streue darauf Mandelkerne,
Rosincken, Zimmet und laß ganze Muskatennüsse und Zimmet-
stengel vergülden und bestecke die Ziemer hübsch damit, ziere sie
wol und gieb sie hin Also magst du auch zubereiten Reh-
fleisch von Hintervierteln.

9.

Ein andere Meinung ein Hirschziemer anzurichten.

Nimm ein guten feisten Hirschziemer, schneide Stücken davon in der Größe einer Semmel oder wie du sonst willst,
wasche sie rein aus damit sie nicht nach dem Eingeweide duf-

ten, lege sie in einen Topf und geuß darauf süße Langweil
(Bier?) und schneid Zwiebeln, drein und Aepfel, dann setze es
zum Feuer, thue Essig dazu und laß es sieden, doch daß es
nicht zusammenläuft. Und wenn es wol gesotten ist so nimm
es wieder aus dem Sod und schneide es fein klein würfelig,
wenn du es geschnitten hast so thue es wieder in den Topf,
treib das Sod durch ein Sieb und geuß es wieder auf den
zerschnittenen Hirschziemer, setze es zum Feuer und laß es
aufsieden, würze es ab mit Nelken, Pfeffer, Ingwer, salze es
rechtmäßig und trags hinein.

10.
Ein Schweinenwildpret anzurichten.

Wenn du ein gut Schweinswildpret anrichten willst von
einer wilden Sau, die man auch Bache nennt, so siede das
Wild in Wasser ab, salze es ab und wenns gesotten ist so
schneide hübsche große oder kleine Stücke, wie du nun grade
willst, nimm geröstete Semmel oder Pfefferkuchen in einen Topf,
geuß einen guten Wein drauf oder süße Langweil (Bier) setze
das zum Feuer und laß es wol aufsieden, thue Zucker oder
Honig darein, mache ihm einen lieblichen Schmack, würze es
mit Pfeffer, Ingwer, Nelken und ein wenig Safran daß es
fein bräunlich wird, salze und koste es zu rechter Maaße, schäle

weinsaure Aepfel, schneide sie in vier Theile, lege sie in einen Tiegel, thue darzu große Rosincken, geuß dazu Schweinenschmalz und ein wenig Wein, mache sie gelb mit Safran, setze sie auf das Feuer, kreische sie wol weich, richte das Wildpret an und streue darauf diese Farbe und giebs hin. Also magst du auch anrichten das Fleisch von dem Seeschweine oder Bärenwildpret. Manche bereiten auch den Dachs gleicher Maaßen zu, ich hab ihn aber einmal zu Kelbra gessen, da war er mir zu stracklich fett.

11.

Ein Ferkel oder jung Schweinlein fein risch zu braten.

Willst du ein gefüllt Ferkelein fein risch braten so salze es in einer Mulden oder Schüssel, stecke es an einen Spieß und brich ihn den Rücken daß er krumm wird, lege es zum Feuer und laß es hübsch braten. Wenn es nun treuge (trocken) ist so nimm warmes Wasser in einen Topf, das salze wol und bestreich das Ferkel immerzu drei oder viermal damit, und wenns trocken und schier gebraten ist alsdann bestreich es mit einer Schwarte und gieb ihm eine gute Hitze, so wird es fein gischen, darnach bespreng es wiederum mit Salz ohne Wasser, so wird es hübsch risch werden, und nun giebs hin.

12.

Das Füllsel zum Ferkelein.

Das Füllsel zum Ferkelein wird so gemacht: Nimm alles gute Eingeweide vom Schweinlein, das heißt Niere, Herz, Leber und Lunge, (nit aber die Därme und den Magen) und siede das wol, dann schneide die Füße aus und hacke sie auch dazu, dann nimm Petersilie, Majoran und Rosmarin, was du am liebsten haben willst, und Krume von einer altbackenen Semmel so viel du dessen bedarfst, ein gutes Stück reinen Speck, und hacke das wol durcheinander und schlage dann fünf Eier drein, oder auch mehr, darnach das Schweinlein groß ist, daß aber das Füllsel nicht zu dünne wird, sonst läufts aus. Würze es auch noch mit Pfeffer und Saffran.

13.

Bärenschinken anzurichten.

Nimm die Bärenschinken oder Bärenklauen, stecke sie in einen Topf und gieß Wasser drauf, laß sie gut sieden so lange bis die Haut davon abgeht. Ist die Haut herunter dann lege sie wieder in reines, kaltes Wasser, wasche sie tüchtig ab, lege sie in einen Topf und gieße reines Wasser darauf und setze sie zum Feuer, salze sie wol und laß sie ganz weich sieden, dann nimm das Bärenwildpret und zerschneide es in Stücken und mache darauf ein braun Sod von Pfefferkuchen oder gutem Bier und würze es ab mit allerlei Würze, schütte darein Rosincken, mache ihm einen süßen oder säuerlichen Schmack, salze zu rechter Maaße und richte es an. Ein solches Sod kann man auch auf einen Biberschwanz machen. Willst du etwa die Bärenklauen ganz haben so laß sie kalt werden und reib einen Senf fein klein, nimm Mandelkerne drunter und reib das klein unter einander, mache ihn auf mit einem guten süßen Wein oder Bier, treibe ihn durch ein Tuch oder Sieb, thue darunter Zucker oder Honig, mache ihm einen guten lieblichen Schmack, und wenn du willst die Bärenklauen aufgeben so lege sie auf eine Schüssel und geuß darauf einen solchen geriebenen Senf und gieb sie hin. Also mag man es auch machen mit den Füßen von einem Ochsen oder dem Haupt von einem wilden Schwein.

14.
Ein gepreßtes Schweinhaupt zu machen.

Willst du ein gepreßtes Schweinhaupt machen so siede es gar weich und nimm die Knochen heraus, und zerreibe das Fleisch in einem Mörser oder hacke es ganz klein, dann nimm darunter ein wenig Weißbrot, würze es ab mit allerlei Würze,

65

besonders vielen Pfeffer, schütte darein kleine Rosincken und klein zerschnittene Mandeln und salze es, binde es zwischen zwei reine Breter und beschwere es mit einem Stein daß sichs fein zusammendrücke und presse, darnach zerschneide es fein und mache darauf ein braun oder gelbes Sod und laß es mit sieden und gieb es auf den Tisch. Also kannst du es auch mit einem Kalbskopfe machen.

15.

Eine Gallart von jungen Ferkeln auf hungarisch zu bereiten.

Das magst du solchergestalt machen. Du läßt das Schweinlein wol absieden in Wasser und gießest dazu guten Weinessig und Wein, läßt das miteinander sieden und würzest es ab mit allerlei Würze. Dann lege darein etliche Knoblauchhäupter und laß sie mit sieden, mache die Gallart süß oder sauer, wie sie dir am besten dünkt, und lege sie hübsch auf die Schüssel und geuß darauf das Sod durch ein Sieb und setze es wohin da es gerinnen mag und stecke dann ganze Zehen Knoblauch drauf. Willst du es recht fein machen so laß das Haupt von dem Ferkelein ganz, vergolde es und setze es in die Gallart. Eine solche Gallart kannst du auch von guten Fischen machen.

5

16.

Einen Rehkopf zuzurichten.

Koche einen Rehkopf wol, mache ihn aufs reinste, klaube die Knochen vom Fleische, zerhacke das Fleisch aufs kleinste, schäle einige Aepfel, hacke sie auch darunter und thue Honig hinzu so viel dich dünkt, würze sie mit Pfeffer, Ingwer, Nelken, Zimmetrinden auch Safran, thue das in einen Tiegel auf Butter, laß es also aufprägeln; der Butter darf nicht viel sein. Wenn es gar ist gieb es auf die Schüssel.

17.

Ein jung Lämmlein auf polonisch.

Zerhacke das Lämmlein auf Stücken, koche es daß es gar werde, darnach zerhacke Zwiebeln fein klein, röste sie daß sie braun werden, wie auf einem Hasen. Darnach nimm einen Wein oder Essig, thue die gerösteten Zwiebeln drein, würze es mit Pfeffer, Ingwer, Muskatblumen, Nelken, Safran, und lege das Lämmlein in das Sod, laß es aber aufsieden. Schau daß du es nit zu sehr salzest.

18.

Ein köstlich Essen von Ochsenzungen.

Nimm die Ochsenzungen je nach Bedarf, siede sie ab in einem Topfe schäle und zerschneide sie in hübsche breite Stücken

67

und mache darauf ein Sod. Du nimmst nämlich drei Semmeln, röste die und wirf sie in einen Topf, gieß zwei Quart guten Wein darauf, setze es zum Feuer und laß wol sieden. Wenn die Semmel weich ist so treib sie durch ein Tuch und nimm darunter vierundzwanzig Eier, und laß sie mit hindurch laufen, menge es wol durch einander, thue es in einen Topf und rühre es wol ab, damit es nit zusammenläuft. Nun wirf dazu rein geschnittene Mandeln, Rosincken und Butter, machs süße mit Zucker oder Honig und würze es ab mit allerlei Würze, nur aber mit Nelken nicht, koste es zu rechter Zeit und bestreu es mit etwas Rothem. Willst du aber das Sod mit Zwiebeln oder Aepfeln so röste solche etwas und lege sie mit kleinen Rosincken obenauf.

19.

Ein Rinderbraten auf Hungarisch.

Nimm einen Rinderbraten der gut und nicht zu alt ist, lege den in kaltes Wasser, laß ihn nicht darin über Nacht liegen, darnach zerschlage ihn mit einem Knüttel, daß er weich wird, salze ihn, brate ihn halb durch. Hierauf nimm guten Wein, dazu ein wenig Essig, schäle etliche Zwiebeln, schneide sie klein, nimm eine Hand voll Wachholderbeeren, dazu Kümmel so viel dich dünkt, zerschneide einige Aepfel fein klein, mische das Alles durcheinander, würze es mit Pfeffer, Ingwer, Muskatblumen und Saffran, lege den Braten in einen runden Topf, gieß den Wein darauf und schütte das auch darzu. Darnach nimm eine Stürze, decke den Topf zu und schmiere ihn fein zu daß der Broden nicht heraus kann, laß das also in sich selber sieden bis dich däucht daß es wol eingesotten und des Sodes nicht zu viel ist, mache dann den Topf auf und bringe den Braten auf die Schüssel.

20.
Ein Hirschenes Wildpret aus Rindfleisch.

Gebrauche dazu Rindfleisch das nicht mager ist. Lege es in Wein, vermischt mit Hühnerblut, laß es eine gute Weile drin, darnach koche es, aber nicht allzusehr in dem Weine, thue dazu wol geröstetes Weißbrod und treibe das also durch ein Tuch, würze es mit Pfeffer, Nelken, Safran und röste Aepfel, zerreibe die klein, mache sie gelb, lege sie in das Sod, hacke das Fleisch in Stücken, lege sie in das Sod, laß es kochen bis es gar ist und dann laß es auftragen.

21.
Noch eine Art wie man den Rehkopf zurichten mag.

Thue den Rehkopf kochen, mache ihn recht rein, klaube das Fleisch ab von den Knochen und zerhacke es aufs kleinste,

thue es in einen Mörser, zerstoße es wol, darnach zerklopfe
etliche Eier und zerlaß das gehackte Fleisch damit, treibe es
durch ein Tuch, mache es mit Honig süße, reibe ein wenig
Weißbrod dazu, würze es mit Pfeffer, Ingwer, Zimmetrinden,
Nelken, Safran, doch dessen nit viel, thue das auf ein heiß
Schmalz in einen Tiegel, laß es wol ausprägeln und richte es an.

22.
Abermals eine Weise den Rehkopf zuzurichten.

Koche den Kopf, mache ihn rein, hacke das Fleisch klein,
röste von Weißbrod zwei Dapenken (Rinden) daß sie hart
werden, lege sie in Honig daß sie wieder weich werden, zerreibe sie
und thue sie unter das zerhackte Fleisch, wirf ziemlich viel Pfeffer
dazu, alsdann Ingwer, Nelken und ein wenig Safran, das
thue in einen Tiegel auf ein heiß Schmalz, schütte eine Hand
voll Rosincken dran und geuß ein wenig Wein dazu, laß das
also wol prägeln daß nicht viel Feuchtigkeit drinnen bleibet
und gieb es auf die Schüssel, geliebt dirs, so geuß darauf
Zimmet.

23.
Rindfleisch in einer Saltze (Sauçe).

Nimm Rindfleisch das gut ist, koche daß es gar werde,
darnach wasche Aschloch (Schnittlauch) so viel dich dünkt, zer=

reibe den klein, zerlaß ihn in einem sauren Wein oder Essig.
Wenn das Fleisch gekocht ist so geuß das Alles oben auf und
gedenke an das Salz.

24.

Eine andere Salzen dazu.

Nimm saure Weinbeeren, Salbeiblätter, zwei Häupter Knob=
lauch, zerreibe das also miteinander und thue dazu Peterfilien
so wirst du eine gute Salze haben. Wenn das Fleisch gekocht
ist so gieß sie drauf, aber vergiß das Salz nit.

25.

Rindfleisch in Aschloch (Schnittlauch?)

Koche das Rindfleisch wol im Salz daß es gar werde,
nimm Aschloch so viel dich dünkt, thue darzu unreife Wein=
beeren und Peterfilie, koche das in einer fetten Fleischbrühe und
wenn dichs dünkt so gieb das Fleisch auf die Schüssel und
gieß das Uebrige oben drauf.

26.

Rindfleisch anzurichten.

Willst du Rindfleisch von der Brust oder vom Hinterstück
anrichten so wasche diese Stücke rein aus, lege sie in einen

Topf und setze den zum Feuer, geuß darauf Wasser, salze es und schäume es rein ab, und wenn es eine Stunde gesotten so schöpfe die beste Suppe davon und geuß darein einen Bieressig, daß der Topf wiederum voll wird, und wirf darein eine gute Hand voll Salz, und laß es sieden, daß das Fleisch wol weich wird, ists aber eingesotten daß es nicht weich oder weiß ist so gieß mehr Wasser darauf, wenn das gesotten ist, so mache daran ein gut Sod wie oben bei dem Wildpret geschrieben steht.

27.

Einen Rindernen Braten anzurichten.

Nimm den Braten, klopfe ihn weich, salze ihn ein, laß ihn also Tag und Nacht liegen, stecke ihn darnach an und setze in einem Töpflein Salzwasser zum Feuer und begeuß ihn also heiß damit, daß er halb damit brate, darnach wenn er ganz gar worden ist so gieb ihn auf.

28.

Ein Geißlutz (?) von Ochsenfüßen.

Willst du machen ein Geißlutz von Ochsenfüßen so nimm die Füße und spalte sie auseinander und lege sie in einen Topf, laß sie wol sieden und salze sie. Wenn dann sie gar

gesotten sein so lies die Beine und schlechten Adern heraus,
schütte das Fleisch in einen Mörser und stoß es wol klein,
geuß darein einen lauteren Wein, zeuch es durch ein Tuch und
geuß dazu einen Schweiß (Blut) von irgend einem Thier und
laß ihn mit durchlaufen, dann thue es in einen reinen Topf,
laß es wol auffieden und rühre es ordentlich ab, daß es nicht
anbrennen kann, thue darein Zucker und Honig, mache es wol
süß, würze es ab mit allerlei Würze und ein wenig Safran,
salze es zu rechter Maaße und koste es, und wenn das fertig
ist so geuß es in eine tiefe hölzerne Schüssel und setze es in
irgend einen Keller, und laß es gerinnen und wenn es geronnen ist so schneide es hübsch zu Stücken und lege es auf
eine Schüssel, bestreue es mit Ingwer oder Anies und schicks
ins Refectorium.

29.

Willst du die Geißlutz uff eine andere Meinung haben?

Brate vier Hühner ab auf eine Schüssel, mache ihnen mit
einem Eisendraht die Hälse daß sie emporragen, und wenn sie
gar gebraten sind so wasche sie tüchtig mit warmem Bier, setze
sie auf eine Schüssel richte ihnen die Hälse auf, geuß die Geißlutz drüber (weil sie noch warm ist) die Schüssel ganz voll bis

zum Rande und laß es gerinnen, und wenn es geronnen ist so stecke darauf Mandelkernen und fein geschnittene Zimmetrinde, laß aber die Hälse und Flügel der Hühner hübsch vergülden, wie auch die Mandelkerne, daß es hübsch gezieret sei und trage es dann auf den Tisch. Hab ich beim Verlöbniß des Junkers Rudolf von Nehrhoff zum Holdenberg das erstmal gessen. Ein lustig Gericht.

30.

Einen Schöpsmagen zu füllen.

Nimm mageres Kalbfleisch und reinen Speck, hacke das klein durcheinander, thue darein kleine Rosincken und schlage vier Eier hinzu, salze es, würze es ab mit Pfeffer und allerlei Würze, mache es mit den Eiern nicht zu dicke noch zu dünne, nimms, fülle es in die gereinigten Schöpsmagen, einen jeglichen Magen nur die Hälfte, und speile sie oben zu, lege sie in heißsiedendes Wasser und siede sie ab wie die Würste, daß sie wol gesotten und ganz harte sein. Nimm sie dann aus dem Wasser und schneide sie hübsch scheibelig, mache darauf ein fein braun Sod von Pfefferkuchen und Weine, würze das mit aller Würze und mache ihm einen lieblichen Schmack, dann lege dasselbige zerschnittene darein, salze es und koste.

31.

Schöpsenfleisch in seinem eigenen Sode zuzurichten.

Koche das Fleisch wol, wenn du es gekocht hast so seihe etwas von der Fleischbrühe durch ein Tuch, geuß etwas Essig dran und nimm Salbeiblätter, wirf die dran, koche sie und giebs hin, so haben die Brüder ein gutes albernes Essen.

32.

Schöpsenfleisch mit Weinbeeren.

Koche das Fleisch wie vor, darnach, wenn es gut gesotten ist, nimm etliche Trauben, pflücke die Beeren davon und geuß einen Theil des Sodes vom Fleisch, schütte die Weinbeeren daran, laß sie also mit sieden. Wenn du das Fleisch auf die Schüssel giebst so bestreue es mit gestoßenem Ingwer, hab aber auch das Salz eingedenk.

33.

Kälberne Brätlein anzurichten.

Willst du haben ein gutes Kälberbrätlein oder Reh= und Ziegenbrätlein, so schneide es hübsch länglich, nimm gestoßenen Kümmel und gestoßene Wachholderbeeren und lege das Brät= lein in eine Mulde, salze es nit gar zu sehr und bestreue es fein mit dem Kümmel und den Wachholderbeeren und laß es darin eine Nacht liegen, oder auch noch länger, und wenn du es brauchen willst so spicke es mit Speck und brate es.

34.

Kalbfleisch zu kochen.

Nimm Kalbfleisch das keine Knochen hat, lege das in kaltes Wasser, laß es drinnen über Nacht, dann zerschlage es mit einem Stock oder Knüttel, nimm ein Stück Speck, und zerhacke selbiges mit dem Feisch bis es klein ist, thue dazu kleine Rosincken, Petersilie, schlage fünf oder mehr Eier hinein, mische Alles durcheinander, würze es mit Pfeffer, Safran und salze es was dich dünkt, setze es in einem Topfe Wasser zu, laß es sieden, mache aus dem Gehackten Klöse, wirf die in das heiße Wasser, laß sie drin sieden, zerhacke ein wenig Speck, thue ihn darzu und würze ihn mit Pfeffer, Safran und ein wenig Petersilie. Also laß es kochen bis es gar ist.

35.

Eine Gallart von Kalbsfüßen.

Willst du machen eine Gallart von Kalbsfüßen so siede die Füße rein ab und mache darauf ein hübsch Sod von Wein

und Essig und würze es wol und wenns geronnen ist so
giebs hin. Also magst du auch machen Füße von Ochsen, von
Hirschen unb anderem großen Wildpret.

36.

Ein Welsch Gekröse wie Kaldaunen zu machen.

Willst du ein Welsch (italienisches) Gekröse auf die Art
machen, wie die Kaldaunen so nimm das Gekröse und reiße
die Därme auf, nimm es und wasche es rein aus, dann nimm
Salz in ein Müldlein und reibe die Därme mit Salz zwischen
den Händen. Dann nimm frisches Wasser und wasche sie
rein aus, mehrere Male, lege sie in einen Topf, laß es wol
sieden und lege dazu Petersilienwurzel. Wenn das wol gesotten ist so lege darein grüne Petersilie, nimm die Petersilienwurzel
wieder heraus, reibe sie klein in einem Reibetopf und nimm
ein Wenig Weißbrod dazu, reibe es gut durcheinander, drücke
es durch ein Sieb. Willst du das Gekröse ganz lassen so gieß
das Sod darauf, es ist auch besser so, willst du es aber nicht
so magst du das Gekröse zerschneiden wie die Kaldaunen, setze
es zum Feuer und laß es auffieden. Würze es ab mit Ingwer, Safran und ein wenig Muskatenblumen, salze es in rechter
Weise nnd gieb es auf.

37.
Auf obig ermeldetes Gekröse ein gut Weinsod.

Du kannst auch auf das erwähnte Gekröse ein köstlich
Weinsod machen. Nimm nämlich Pfefferkuchen in einen Topf,
geuß ein Quart Wein darauf oder wie viel du des Sodes
haben willst und laß es fein aufsieden, würze es ab mit aller=
lei Würze und thue kleine Rosincken darein und Honig oder
Zucker. Mache dann einen lieblichen Schmack, salze es zu rech=
ter Maaße, koste und giebs hin. Also magst du auch Gekröse
von Hausen, Stören, Lachsen oder andern großen Fischen
machen.

38.
Eine Meisterkunst.

Willst du bewähren eine Meisterkunst von Golde, zu machen
von Fischen und Fleische oder Hühnern oder aber wovon du
sie haben willst, so siede sie fein ab in Salzwasser, und lege sie
in eine Schüssel, thue dazu Zucker oder Honig, würze es ab
mit allerlei Würze und salze es. Dann setze es in einen hei=
ßen Backofen, drinnen wird es gerinnen und stehen, und wenn
es gar harte ist so nimm sie wieder heraus und laß sie kalt
werden, bestecke sie mit Mandelkernen oder Rosincken, auch ver=
gülde sie, ziere sie recht wol und gieb sie hin.

39.
Eine schwebende Gallart zu machen.

Willst du eine schwebende Gallart machen, die da soll über der Schüssel schweben, so laß dir machen in die Schüssel eine eiserne Röhre die da gestaltet ist wie die da man pfleget ein großes Licht einzustecken, und laß dir machen ein Gitter von Drahte, so breit als die Schüssel, und das fein rund ist, mache mitten durch das Gitter ein Holz und laß dir machen ein gerecht Scheflin, da das Gitter kann darein gelegt werden, und siede die Fische oder Fleisch ab und und mache das Sod wol schleimig mit Hausenblase, würze es ab mit allerlei Würze und lege das auf dieses Fleisch oder Fische und geuß darauf dieses Sod und setze sie hin daß sie gerinne. Wenn sie geronnen ist so schlage die Reifen von dem Fäßlein und nimm die Gallart fein heraus, stecke sie auf die Röhre in die Schüssel und laß sie hübsch vergülden, bestecke sie mit Mandelkern, bestreue sie mit Rosincken, ziere sie wol, geuß rein Wasser unten in die Schüssel und setze darein lebendige Gründlinge oder Kressen und andere lebendige Fische und gieb sie hin so wirst du haben ein schönes Festessen.

40.
Eine andere lautere Gallart von Fischen oder Fleisch zu machen.

Du kannst auch eine sehr schöne lautere Gallart machen von Fischen oder Fleisch. Gebrauche dazu Hausenblase. Wenn

du es auf die Schüssel legen willst so laß das Sod eine Weile
stehen, das es sich setzt, dann nimm das Oberste in die Schüssel,
laß es drin gerinnen, bestecke es mit Mandelkernen und streue
Rosincken drauf, vergülde es, ziere es wol und du wirst haben
eine trefflich lautere Gallart. Die gieb dann hin

41.

Eine Gallart mit Farben zu machen.

Wenn du Belieben trägst nach einer farbigen Gallart so
mache ein Theil weiß, das andere roth, das dritte gelb, das
vierte blau und das fünfte schwarz, und lege jede Farbe in
eine besondere Schüssel. Wenn die Gallart nun geronnen ist
dann zerschneide sie und lege sie auf eine Schüssel, eine Farbe
nach der andern, bestecke sie mit Mandelkernen oder Rosincken,
vergülde sie und ziere sie wol und gieb sie zum Tisch.

42.

Ein Rehmuß von Rehköpfen.

Wenn du einen Rehmuß von Rehköpfen willst machen so
haue dieselben in Stücken, wasche sie rein aus, vorzüglich daß
die Haare davon abkommen, lege sie in einen Topf, salze sie
wol und laß sie tüchtig sieden, daß sie recht weich werden. Nun=
mehro lies die Knochen heraus, daß keiner drin bleibt, lege das

Fleisch in eine Mulde oder auf ein reines Bret und hacks klein. Wenn du es nun recht fein und klein gehackt hast, so lege es in einen Tiegel, thue Schmalz hinzu und reibe auf einem Schabeisen altbackene Semmeln darein und geuß guten süßen Wein darzu und ein wenig Blut, wirf Rosincken drein klein geschnittene Mandeln, rühre es wol durcheinander daß es hübsch schwarz wird, setze es über das Feuer, daß es fein langsam siedet und nicht anbrennt. Nun würze es mit Pfeffer, Ingwer, Nelken, wirf ganze Muskatblumen hinein, salze es, thue Honig darein oder Zucker mit Zimmet gemischt und giebs zum Tisch.

43.

Eine große Wurst zu machen.

Willst du eine große Schweinwurst machen so nimm Reiß, soviel als dich dünkt daß es genug sei, wasche ihn rein aus und nimm drunter gut gequelltes Schweinfleisch, schneide es fein in Würfel, nimm darunter guten Pfeffer, Milchrahm oder Sahne und Mayeran, salze es, menge es unter einander und fülle es in die Würste oder Schweinemagen und laß das wol sieden.

64.

Kleine Würste zu machen.

Willst du kleine Würste machen, so nimm Schweinefleisch und laß das klein hacken, dann schütte darein gestoßene Nelken, Pfeffer, Ingwer und würze es wol, und fülle es in große Ochsendärme, eine gute Spanne lang darvon binde sie an beiden Enden zu und hänge sie in den Rauch. Wenn du sie willst brauchen so wasche sie rein ab, siede sie mit Rindfleisch oder mit ganzen Hühnern und wenn du sie willst aufgeben so schneide sie hübsch scheibelig und lege sie fein um die Schüssel, willst du sie aber ganz lassen so magst du darauf machen ein braun Sod.

65.

Würste auf eine andere Meinung zu machen.

Man kann auch Würste auf eine andere Meinung machen. Nimm rohe Kalbsleber und guten reinen Speck, hacke beides recht klein unter einander, würze es ab, schlage darunter Eier und menge es wol unter einander, aber mache es nicht zu dick und nicht zu dünn, und fülle es nunmehr in Ochsendärme, doch daß sie nicht zu voll werden und aufreißen. Quelle sie

in einem Topfe oder Keſſel, mache darauf ein Sod, oder gebrauche ſie wie vorgeſchrieben ſteht.

66.
Ein Rehmuß von Fiſchen.

Das macht man ſo: Du nimmſt Karpfen, ſchuppſt ſie und
wenn ſie geſchuppt ſind reißt du ſie aus einander. Hierauf
legt man ſie in eine Pfanne oder reinen Keſſel, gießt reines
Waſſer drauf und ſetzt es zum Feuer, wo mans wol ſieden
läßt und dann ſalzet. Wenn ſie geſotten ſind, ſo nimm ſie
aus dem Waſſer, lies die Gräten heraus, hacke ſie hübſch klein,
nimm Weißbrod drunter und thue es in einen Tiegel, dazu
Roſincken, kleingeſchnittene Mandeln, Baumöl, Karpfenblut und
etwas Pfeffer. Thue ferner hinein Zucker oder Honig, geuß
etwas ſtarken Wein hinzu, würze es ab mit einigen guten Ge-
würzen, beſonders Muskatenblumen, miſche Alles flugs unter
einander, daß es hübſch dicke wird, koſte es nachher zu rechter
Maaße und wenn du es aufträgſt, ſo kannſt du es mit Zimmet
oder geriebener Muskatnuß beſtreuen.

IV.

Eierspeisen, Gebäcke, Gemüse, Muße, Eintunken etc.

1.

Würste von Eiern zuzurichten, ein köstlich Essen.

Nimm etliche Eier, zerschlage sie und rühre sie wie sonst gerührte Eier, daß sie wohl hart werden, darnach nimm Petersilie sammt einigen anderen Wurzeln, zerhacke sie fein klein mit den gerührten Eiern und mache dazu ein wenig Weizenmehl, sofern es nicht weich genug wäre, schlage darein ein Ei, oder auch zweie, die roh sind, und mische sie darzu, mache Striezel wie Würste und lege sie in Butter, röste sie wol, darnach mache ein fein Södlein, lege die Würste auf eine Schüssel und geuß das Sod obendrauf.

2.

Ein verloren Hühnlein zu machen.

Willst du ein Gericht bringen das man ein „verloren Hühnlein" nennet, so nimm einen Topf da anderthalb Quart hineingehen, setze reines Wasser darin zu, lege Petersilie hinein

und wenn sie wol mit gesotten ist so seihe es reine durch ein
Tuch oder Sieb und schlage fünf bis sechs Eier in ein Töpflein und schneide Petersilie dran, auch kannst du kleine Rosincken hinzuthun und schütte Safran oder Pfeffer hinein, zerklopfe es wol, setze das Petersilienwasser zu, laß es auf das
beste sieden, mache dann solches Wasser auch gelb und saffere
es ein wenig, salze es, mache es mit geschmolzener Butter aufs
allerbeste ab, und wenn es am stärksten siedet so salze die zer-
schlagenen Eier und gieße sie in das Wasser, siede es zusammen
in einen Klos, drehe den Topf um, laß es allmälig um den
Rand sieden bis es so wird, daß wenn man mit einem Löffel
drauf drücket es sich in der Suppe herumdreht. So gieb es
hin sammt der Suppe und trag es unzerrührt auf.

3.

Einen Eierkuchen oder Spießkuchen zu machen

Wenn du backen willst einen Eierkuchen den die Kriegs-
leute auch Spießkuchen zu nennen pflegen, so nimm guten
süßen Milchrahm oder Sahne, und einen oder zwei Eßlöffel
voll Hefen. Ist der Spieß groß so mußt du auch mehr Hefen
nehmen, und schütte wol Safran drein, daß es schön gelb wird,
geuß auch noch ein wenig Butter drein, und klopfe es wol
durcheinander daß es hübsch schlecht wird und mache einen Teig

daraus der da fein lose und dir nicht an den Händen kleben
bleibt. Thue kleine Rosincken hinein, schmiere den Spieß mit
Butter, wie zu einem anderen Eierkuchen, jedoch nicht allzufett
daß er nicht abfällt, nimm den Teig und brich Stücken davon,
und mandle es lang auf einem Brete, tunke die Hände in
Mehl auf daß dirs nicht anklebet, mache aus dem Teige fünf
bis sechs Stücken, jenachdem des Teiges viel ist, und wenn du
es willst um den Spieß winden so klopfe es ein wenig mit
der Hand daß es breit wird und lege es rechten Ortes an den
Eierkuchenspieß, drehe den Spieß immer herum, daß sich der
Teig von außen herumwindet wie ein Seilband, und wenn
du den Teig ein Stück herumgewunden hast so klopfe es ein
wenig zusammen daß er breit wird und sich am Spieße zu-
deckt. Darauf nimm ein ander Stück Teig, lege es an den
Spieß und winde es abermal herum wie das vorige, das thue
so lange bis der Spieß voll wird, schlags dann vollends fein
gleich an, daß es überall gleich wird und nicht am Spieße
bleibt oder fortrutscht. Nun nimm einen Faden und binde
ihn fein lose damit, lege ihn dann zum Feuer und laß ihn
backen, und wenn er halb gebacken ist so beträufle ihn mit
heißer Butter und salze den Teig zuvorhin rechter Maaße und
besprenge ihn auch gleichwol damit am Spieße, und wenn du
die Röhren abschneidest so magst du Butter zerlassen und die=

selbe in kleinen Schüsseln, den Eierkuchen dreinzutunken, mit hingeben.

NB. Dies Essen ist ein thüringisch Gericht, hat Bruder Sebastian Kämpfe oftmalen im Kloster St. Veit am Berge gessen. Dazu gehört eine gute Kirschtunke.

4.

Ein gerührt Eiermuß oder Bumbstellerchen zu machen.

Wenn Jemand ein gerührt Eiermuß oder Bumbstellerchen beliebt so nimm auf eine Schüssel zehn Eier und schlage die in einen Topf, reib darein eine Muskaten, zuckre es daß es wol süße wird und mache es wol gelb mit Safran, salze es ein wenig daß es süße bleibt und klopfe es wol durch einander mit der Würze. Hernach nimm ein wenig weißes Mehl, als da möchte sein ein Löffel voll oder zwei, oder wenn du denkst auch weniger, dann nimm Milchrahm oder Sahne der gut und süße sein muß daß er nit zusammenläuft, ein halb Quart oder etwas mehr, thue ihn in eine Pfanne, laß ihn sieden und wenn er wol siedet so schütte das geklopfte Ding hinein und rühre es fein wie gerührte Eier. Es darf aber nit lange stehen, ehe man es macht, sonst wird es teigig. Wenn man gleich das Gericht davor isset so mußt du das Bumbstellerchen schon anrichten und es mit Zucker bestreuen bevor du es hingiebst.

5.

Ein Muß von Mandeln in der Fasten.

Reibe die Mandeln klein und wenn sie gerieben sind so mache sie auf mit einem guten Wein oder Malvasier daß sie nicht allzu dünne werden, und sind sie nicht süße genug so mache sie süß mit Zucker. Nimm weißes Brod, schneide daraus Schnittchen, bähe sie hübsch braun am Feuer, und wenn sie braun sind, so schneide das Angebrannte ab, nimm Baumöl oder Butter in eine Pfanne oder ehernen Tiegel, setze das über Feuer und laß es heiß werden. Darnach nimm Semmel, tunke sie in die Mandeln mit dem Wein, eine Schnitte nach der andern, bis sie durchaus naß sind und lege sie in den Tiegel mit dem Oel, daß der ganze Boden mit der Semmel bedeckt ist. Ist das nun geschehen so nimm einen Kochlöffel und bestreiche die Semmel überall mit vorgenannten Mandeln, daß die Semmeln überall bedeckt sind und nirgends blöken, dann streue darauf kleine Rosinken und Zucker, darnach tunke in die Mandeln wieder eine neue Schicht Brod und bestreue es wieder mit Rosinken und Zucker, wie vorgeschrieben steht, also lang bis derselbe Tiegel oder Pfanne voll wird. So setze es über ein kleines Feuer daß Alles hübsch braun wird, alsdann schütte es fein aus daß es ganz bleibt, bestreue es mit Zimmet und giebs hin.

6.

Ein Mandelmuß mit vier Farben.

Willst du ein Mandelmuß mit vier Farben machen so nimm Mandeln so viel als dich däucht daß auf eine Schüssel genug ist, reibe und stoße die ganz klein, und wenn sie gerieben sind so nimm die Mandeln auf vier Theile, das eine Theil laß weiß, das andere Theil mache gelb mit Safran, zum dritten Theil reibe grüne Petersilie aufs allerkleinste und mache es grün damit, das vierte Theil mache blau mit Kornblumen. Ein jegliches Theil dieses Mußes nimm insonderheit in ein reines gläsernes Töpflein und mache es auf mit einem guten Wein und Zucker, setze es zum Feuer, rühre es wol um daß es nicht riechend wird und koste es eigen, daß es ja süße genug ist. Nun laß dir machen ein Bretlein das so hoch ist als die Schüssel tief, dasselbige Holz laß kreuzweise zusammenschneiden aber nicht dicke, so daß es kaum eines Messers Dicke sei, und setze dieses Holz in die Schüssel, und thue das genannte Muß jedes Gefärbte in ein besonderes Fach. Wenn du es darauf gethan hast so zeuch das Holz wieder heraus und bestreue es mit überzogenem Anies von allerlei Farben. Nun gieb es zum Tische, kalt oder warm, wie sie's drinne wollen.

7.
Ein Braten von Feigen.

Nimm die Feigen, hacke sie klein, stoße sie darnach in einem Mörser, nimm darunter weißes Brod und stoße es wol durcheinander und würze es ab mit allerlei Würze. Nimms wieder heraus und machs hübsch lang auf einem Brete drei Querfinger dicke, stecke das an einen Spieß und verwahre es, daß es nit herabfällt, und lege es zu einem Feuer und laß es also braten und begeuß es mit heißem Baumöl. Sobald das gebraten ist gieb es auf und bestreue es mit Zimmet. Dies Stücklein hat der hochwürdige Bischof Johann sehr geliebet, dem es ein frommer Bruder so aus dem Lande Palästina wiedergekehrt, mitgetheilet. In Asia essen es die Arabier und Ungläubigen in der Fasten — aber braucht sich kein fromm christlich Gemüth darob zu entsetzen.

8.
Gebackenes von Mandeln zu machen, mit Farben.

Willst du ein anderes Gebackenes von Mandeln machen so farbig ist, dann nimm Mandeln, reibe sie klein, mache sie mit einem Zucker süße und nimm sie auf vier Theile. Laß das eine Theil weiß, das andere mach roth mit rothem Troy (?), das dritte Theil mache grün, das vierte mache blau wie droben (No. 6) gemeldet worden ist, das fünfte mache gelb mit Safran und laß ein jegliches Theil wol harte bleiben, daß mans nicht sehr naß macht, und forme daraus kleine Käulchen wie die welschen Nüsse groß, und stecke sie an kleine Spießlein eine Farbe nach der andern, roth, weiß, blau, grün, gelb, drehe sie in dem Teige und laß sie backen in Butter oder gutem Baumöle. Wenn es nun gebacken ist, daß es wol hart wird so nimms heraus und richte es an mit dem anderen gebackenen das vorn an geschrieben steht, so wirst ein trefflich Gebäck bringen. Wenn du es auf den Tisch giebst bestreue es mit Zucker und gieb es hin.

9.
Guten Marzipan zu backen.

Will man einen guten Marzipan backen so stoße geschälte Mandeln in einem Mörser, thue darunter weißen Zucker und Rosenwasser und stoße das wol unter einander, daß es nicht zu dünne wird, sondern daß es fein dicke bleibt, streiche es auf Oblatenblätter eines Querfingers dicke und hübsch keulicht, lege es in eine kupferne Pfanne die völlig trocken ist und laß es hübsch backen. Wenns gebacken ist so richte es an und bestreue es mit gefärbtem Koriander, Zimmt und etwas Ingwer.

10.
Ein Gefülltes Gebackenes zu machen.

Um ein Gefülltes im Gebackenen zu machen, nimm Mehl und geuß Wein dazu und bereite einen guten, zähen, festen Teig, daß man ihn kaum mangeln kann, und wenn er gemangelt ist, so streiche das Confect von Feigen oder Aepfeln darauf und schließ es hübsch zusammen mit einem anderen Teige und zerschneide das wie Confectstücken groß mit einem Rade und wirfs in heiß Baumöl oder Butter so wirst du ein trefflich Gebackenes haben. Und wenns wol gebacken ist daß es fein risch und harte ist worden so nimm es wieder aus dem Oele.

11.
Gebackene Zibeben zu machen.

Wenn du willst so mache einen dünnen Teig mit einem Weine und mache ihn gelb mit Safran und stecke die Zibeben an kleine Spieße, wälze sie herum in dem Teige und lege sie in heißes Baumöl oder Butter. Dann laß es backen bis der Teig wol hart wird und hebe es wieder aus dem Oele.

12.

Gebackenes zu füllen mit Feigen.

Zerstoße die Feigen wie in No. 7 angegeben ist. Dann nimm altbackene Semmeln, schneide hübsche Schnittchen daraus und bestreiche sie fein mit Feigen, und lege eine andere Schnitte darauf und mache darzu einen Teig, bewinde die Schnitten mit dem Teige und backe sie in Oel oder Butter. Der Teig soll gemacht sein von Eiern und Wein und gelb gefärbt mit Safran. Dergleichen mache es von Kirschen, Rosen oder anderen Confekten. Willst du es dann nicht also trocken geben so nimm Mandeln und stoß die klein oder reibe sie, und mache sie auf mit einem guten Wein der süße ist, und thue sie in einen Topf, laß es fein aufsieden, machs hübsch süße mit Zucker würze es ab mit Zimmt und laß es aufsieden, doch daß es weder zu dick noch zu dünn werde, und legs auf eine Schüssel und geuß die Mandelsuppe darauf überall daß es nirgends trocken bleibe. Dann bestreue es mit Zimmt.

13.

Ein Furzelchen zu backen.

Willst du ein Furzelchen, oder wie mans in der Schle=singen nennt ein Knalläffchen, backen so schäle kleine gute Aepfel, schneide sie in zwei Theile oder auch in vier, darnach sie groß sind, und zerklopfe ein Eiweiß, salze das ein wenig, thue die Aepfel hinein und schütte darzu Weitzenmehl und mache die Aepfel wieder gar trocken mit dem Mehle und thue sie in eine heiße Butter und backe sie wol daß sie fein risch werden, dann richte sie an und bestreue sie mit Zucker.

14.

Eine köstliche welsche Torte zu backen.

Nimm gute Milch, Rahm oder Sahne und thue Eier darunter, klopfe sie wol in einem Topfe ein halb Schock auf eine Schüssel, und zu dem halben Schock nimm ein Quart oder Kanne guten Rahm oder Sahne und reibe zwei weiche Käse und Brosamen von einer Semmel in einem Reibetopf klein und menge es wol durcheinander. Nimm einen andern ledigen Reibetopf und thue darein Ysop, so viel als ein Hühnerei, Meyeran, ein wenig Salbeiblätter und grüne Petersilie eine Hand voll, reibe das Alles klein durcheinander. Wenn sie dann gerieben sind so netze sie mit dem vorgenannten Rahm und Eiern daß sichs desto besser reibe und wenn es dann klein ist so schütte darzu selbige Eier und Käse und mische es gar wol durcheinander, und treibe es durch ein reines Tuch oder härenes Sieblein, und wenn das geschehen ist, so würze es ab mit wenig Pfeffer, Ingwer, Zimmet, Muskaten, Muskatenblumen und etwas Saffran. Thue darein wol Zucker, daß es ganz süße wird und salze es zu rechter Maaße und nimm Butter in eine Pfanne, als ein Gänseei groß, laß sie wol zergehen, schütte dann Alles hinein, setze es über ein kleines Kohlenfeuer, thue darüber die Stürze, und mache auf die Stürze auch glühende Kohlen, daß es die Hitze von allen Seiten hat. Nun laß es hübsch langsam backen und wenn es zur Hälfte gebacken ist so nimm die vorgenannten Kräuter und Rosmarin, schneide sie klein, mische sie unter einander, nimm dazu kleine Rosincken und klein geschnittene Mandeln, schütte sie in die Pfanne, thue das Feuer alsbald von der Stürze weg und ein Weilchen darauf wieder darauf und laß das Ganze nur frisch backen, daß es sein hart wird und richte es an. Bestreue es mit Zimmet, worunter Zucker gemischt ist und giebs hin. Hast du aber Sorge daß es fest kleben möchte, so nimm zwei Eier und Weizenmehl, mache einen harten Teig draus, mangele ihn sein dünne und bedecke die Pfanne damit, daß er gereiche hienieder daß der Boden gar bedeckt ist und auf den Seiten rings herum, und schütte dann die vorgenannten Species hinein und laß sie drinnen allgemach backen. Solche Torten kann man auch weiß machen wenn man den Safran und die Kräuter nicht reibt sondern ganz hineinschüttet. In dem Falle würze sie ab mit der vorgenannten Würze, man kann auch den Safran ganz weglassen, aber wenn du ihn gelb haben willst kann dir auch niemand nit wehren.

15.

Ein Confekt von Hollunder.

Willst du es solches haben dann pflücke die Hollunder= blüthen von den Stielen ab, lege sie an die Sonne daß sie fein dünne werden, nimm Honig in einen Tiegel, röste sie wol ab daß sie ganz trocken werden und würze sie mit Ing= wer, Pfeffer, Nelken, Muskaten, Muskatenblumen und Zimmet, Dieses Confect magst du brauchen zu allerlei Gebackenem.

16.

Ein köstlich kaltes Muß von Eiern.

Du kannst dieses köstliche Essen folgender Gestalt anrich= ten. Nimm auf eine Schüssel dreißig Eier und zwei Quart Milch, zerschlage die Eier in einem Topfe und thue die Milch darzu, rühre es wol ducheinander, setze es zum Feuer und rühre es ab daß es nicht brenzelich wird und auch zusammen= läuft. Darnach, wenn es zusammengelaufen ist, so schütte es auf einen ganzen Durchschlag oder Sieb, laß es wol trocken absieden, schütte es in einen Reibetopf und und reibs klein.

Thue darunter frische ungesalzene Butter und Zucker hinein daß
es wol süße wird auch ist's gut wenn dus in einem Keller reibst
da bleibts härter, dann nimm aber dazu mehr Butter daß
es davon zähe wird. Wenn du das so mit den Dingen gerie=
ben hast, so magst du es gewaltsam durchtreiben, daß lange
Zöpfe werden, willst das aber nit, so reibe es wol in dem
Reibetopfe und lege es, daß es fein gleich wird wie Schnee,
und hebs mit dem Löffel fein auf die Schüssel wie ein and=
res Muß und streue darauf gefärbten Koriander. So magst
du auch einen Milchrahm oder Sahne machen mit Eiern und
den hübsch dicke machen, laß ihn weiß oder mache ihn gelb
mit Safran, wie du willst, laß ihn kalt werden und geuß es
in das Muß und schicks hinein.

17.

Ein Gebackenes von Semmel.

Wenn du Gelüste hast nach einem Gebackenen von Semmel,
so nimm und schneide die Semmeln zu Schnitten und bestreich
die Schnitten mit abgewürztem Confect das fein süße gemacht
ist, es sei von Birnen oder anderm Obst, und wenn du jeg=
liche Schnitte bestrichen hast, so lege sie wiederum zusammen
daß es ganz und gleich wird wie eine Semmel und mache
einen dünnen Teig von Mehl und Eiern und umwinde die

Semmel, mit dem Teige und lege sie in süße geschmelzte Butter, backe sie fein rasch ab, dann nimm und zerschneide sie hübsch wie die Beschnitten nach der Quere oder Länge und lege sie um anderes Backwerk.

18.

Gebackenes von Oblatenblättern mit Farben.

Willst du machen ein Gebackenes, Oblatenblätter mit Farben, so bestreiche die Oblatenblätter mit Confect, es sei was es wolle, und lege die Blätter sechs bis acht über einander, so dicke wie du es haben willst, drücke sie fest zusammen, schneide es queer durch, zweier Querfinger breit, verschließe die offenen Stellen mit Teig, lege sie in heiße Butter, backe es wol und wenn du es heraus nimmst, so lege es in ein reines Tuch, daß die Butter fein drein trocknet.

19.

Ein Gebackenes mit Blättern von Eiern.

Bei diesem Gebäck mußt du die Blätter machen gleichwie ein Rehmuß, und bestreiche die Blätter hübsch mit Confect oder Mandeln, die gefärbt sind mit Farben, lege auf die Blätter ein klein hübsch hölzernes Speilichen, winde dieses Blatt fein drum daß es keulenartig wird wie ein Holz, bewahre es mit kleinen

Speilichen an den Enden, daß nichts ausläuft, und bewinde
das wieder mit einem Teige wie voran geschrieben steht, backe
es ab mit heißer Butter und wenns gebacken ist und du willst
es aufgeben so schneide es hübsch in die Länge auf vier Theile
von einander und lege das wol um das andere Gebackene.

20.

Spähne oder anderes Gebackenes im Mörser zu backen.

Die Spähne oder anderes Mörselgebackenes machst du so.
Nimm Mehl und Eier, soviel als du des Teiges haben willst, und
mache einen starken Teig und wenn du ihn kannst gebrauchen
daß er hübsch trocken ist so decke ein reines Tischtuch auf einen
Tisch streue Mehl darauf reibe den Teig mit den Händen so
lange bis er recht zähe ist, daß du ihn mandeln kannst, dar=
nach mache Spähne daraus oder anderes großes Gepäck, doch
mußt du es fein gleich machen, daß es weder zu dick noch zu
dünne ist. Wenn du es einlegest muß die Butter fein heiß
sein, sonsten wird es fett. Du kannst auch kleine Rosincken
in den Teig werfen und kannst es machen wie Confect.

21.

Höfliche Streubel zu machen.

Die Streubel sind ein sehr höflich Essen. Mache einen
dünnen Teig von Mehl und Eiern, nicht zu dicke noch zu dünne,

willst du so mache ihn gelb oder weiß, schütte darein Zucker, geuß ein wenig Weißbier hinein, darum daß nichts fettes hineinläuft, schlage ihn wol durcheinander und klopfe den Teig nicht allzulange daß er nicht zähe wird, bohre fünf Löchlein in ein Töpflein oder wie viel du willst, die da hübsch rund sind und thue den Teig in das Töpflein, laß es hübsch laufen in die Butter und hübsch backen, drehe die oberste Seite nieder und wenns gebacken ist so lege es in eine Schüssel, bestreue sie mit Zucker und giebs hin.

22.

Ein köstlich Gebackenes zu machen. Ein gutes Junkernessen.

Wenn dichs nach einem solchen Gebäcke gelüstet, so mache einen weißen Teig von Weizenmehl und lauem Salzwasser, dann nimm eine geschmelzte Butter und mache den Teig fein linde daß er ganz zähe wird und stets warm bleibt, brich ihn zu Stücken wie Semmeln, darnach du den Kuchen haben willst zerziehe den Teig mit den Händen fein dünne und lege ihn auf eine keulige hölzerne Schüssel auf der die Bäcker Brod in den Ofen schieben, streue darunter Mehl daß es nicht anklebt, nimm Grütze oder Weißkraut, schneide es fein zottig und brühe es ab in einem Salzwasser, drücke es nur mit den Händen daß kein Wasser drinnen bleibt und streue das Kraut auf den

7 *

gezogenen Teig. Willst du so magst du auch dazu streuen
hübsche klein geschnittene Käse, dann bestreue es mit geschmelzter
Butter und lege darauf ein andres Blatt von einem Teige,
streue auf dies Blatt wieder genannte Masse und mache so
viele Blätter darauf als du ihn dicke haben willst, drücke ihn
wol zusammen an den Enden, schieb ihn in einen heißen Ofen
und laß ihn backen. Dergleichen Kuchen magst du auch machen
von Aepfeln, Rosincken, Birnen und allerlei Obst und Kräuterei.

23.
Mandeleier in der Fasten zu machen.

Reibe die Mandeln klein und ziehe sie durch mit Hausen=
blase wie geschrieben steht in dem nächsten Recept vom Man=
delkäse. Siede die Mandeln hübsch ab, darnach du mehr oder
weniger Mandeleier machen willst und laß die Mandeln mit
der Hausenblase fein kühl werden. Darnach nimm andere
Mandeln, klein gerieben und laß die andern ganz dicke bleiben,
und mache die gelb mit Saffran, dann forme keulige Tört=
lein gleich wie die Eidotter, dann nimm kleine Hölzlein die so
lang sind als die Eierschalen und stecke an ein jedes Hölzlein
ein solches gelbes Dötterlein, dann nimm Eierschalen die hübsch
rein und ganz sind, stecke die vorgenannten Dötter ein jedes
mit einem Hölzlein in die Schale daß das Dotter gleich in der

Mitte bleibt, damit es nicht zu Boden sinkt, geuß darauf in die Schalen die Mandeln die du durchgetrieben hast mit der Hausenblase, daß die Schalen voll werden, setze sie in Sand und laß sie hart gerinnen. Wenn sie geronnen sind schäle sie wie andere Eier, schneide sie nach der Länge mitten von einander und lege sie in eine Schüssel. Willst du so gieß eine kalte Mandelsuppe oder Rosenwasser darum, richte es an und streue gefärbten Anies drauf, alsdann gieb es hin.

24.
Gute Mandelkäse zu machen.

Nimm ein Pfund Mandeln, brühe sie, und wirf sie in Wasser, wasche sie rein aus, aber mehrere Male damit sie ganz rein werden, und lege sie auf ein Sieb, damit sie trocknen, schütte sie in einen Reibetopf und reibe sie ganz klein. Nimm dann Hausenblase, so groß als ein gutes Gänseei, zerreiße sie in kleine Stücklein, lege sie in frisches Wasser, wasche sie rein aus, nimm einen Topf worein drei oder vier Quart hineingehen und laß die Hausenblase im Topfe, den du mit reinem Wasser an das Feuer setzen magst, und laß das zum dritten Theile einsieden. Wenn das geschehen ist, so nimms vom Feuer und laß es kalt werden. Hierauf nimm den dritten Theil der geriebenen Mandeln und mache von dem kleinsten Theile eine

102

Mandelsuppe mit reinem Wasser und thue Zucker hinein, setze es zum Feuer und laß es ein Wenig aussieden, aber nit sehr lange, damit dirs nit schwarz werde, mache es wol süße und nimm es hernach vom Feuer und geuß darein anderthalb Quartierlein Rosenwasser, rühre es wol durcheinander und bringe es an einen kühlen Ort, daß es kalt wird. Die anderen beiden Theile der Mandeln nimm auf ein Tuch und gieße dazu von der Hausenblase, treibe es mit Gewalt durch das Tuch damit nichts drinnen bleibet Wenn du das nun gar durchgezogen hast so nimm dasselbige und thue es wieder in den vorigen Topf, setze es zum Feuer und laß ein wenig aussieden, thue darein weißen Zucker und mache es wol süße, koste es zu rechter Maaße, nimms von dem Feuer und laß hübsch kühl werden. Darnach laß die Form rein auswaschen in kaltem Wasser, daß sie ja recht rein wird, schmiere sie ein wenig mit Baumöl oder Mandelöl, wie du es hast, doch daß die Form nit zu fett werde und schütte die Mandeln drein mit der Hausenblase, ganz kühle verschlagen, sonst werden sie schwarz, setze sie in einen Keller daß sie gerinnen und wenn du sie willst aufgeben so nimm sie aus der Form, lege sie auf die Schüssel und drehe das Gebreche oben und geuß darum die kalte Mandelmilch. Soll es recht sein und herrenmäßig aussehen so magst du es lassen belegen mit Golde oder magst auch darum streuen gefärbten

Koriander oder Zucker. So auch etwas in dem Topfe geblieben wäre das nit in die Form gekonnt hätte, so mache das gelb mit Safran und mache eine Schüssel feucht mit Wasser und geuß das darein, laß es gerinnen, wenns geronnen ist so schneide es fein wie Confectstücke und legs um den Rand.

25.

Einen Mörselkuchen zu machen.

So du Lust hast nach einem Mörselkuchen auf einer Schüssel so nimm sechsunddreißig Eier und zwei Quart guten Milchrahm oder Sahne, schlage das durcheinander in einen Topf, würze es ab mit Zimmet, Ingwer, Muskatblume und Muskat, thue Zucker drein, nimm einen Mörser, lege ihn gegen das Feuer auf das er wol heiß wird, geuß geschmelzte Butter drein, eine gute Kelle voll, wenn sie heiß wird nimm zwei altbackene Semmeln, schneide sie hübsch würfelig und schütte die in die heiße Butter daß sie flugs damit siedet. Hernach nimm die vorgenannten Eier mit der Milch und schütte sie zu der Semmel in den Mörser und dazu kleine Rosincken soviel als du willst, nimm Meyeran, Ysop, Salbeiblätter, Rosmarin, schneide diese Kräuter fein klein, schütte sie in dieselbige Masse, darauf laß das hübsch backen. Den Mörsel mußt du allezeit umdrehen daß es eine bequeme

Hitze habe. Haft du eine reine Stürze die mache heiß und decke sie drüber. Wenns dann gebacken ist so wird es oben ganz trocken sein und wenn du es aufgeben willst so schütte es auf ein reines Brod und zerschneide es die Quere mitten von einander. Darnach nimm ein jeglich Theil und schneide es in zwei Theile, hübsch breit nach der Länge, dann schneide dieselben Stücke wie die beschnittenen sind und lege es auf die Schüssel, brings herein, bestreue es mit Zimmet und Zucker und gieb es auf den Tisch.

26.
Ein köstlich Muß von Eiern und Weine.

Will man ein Muß von Eiern und Weine machen auf eine Schüssel so nimm vierundzwanzig Eier in einen Topf, zerschlage sie, siede in einem absonderlichen Topfe zwei Quartierchen guten Wein ab und nimm zwei Semmeln, schneide die Rinde davon, theile eine in vier oder sechs Stücken, wie du willst, und wirf sie in den heißen Wein daß sie weich werden. Darnach treibe die Semmel mit dem Weine durch ein Tuch und die Eier hernach, menge das durcheinander und thue es in einen reinen Topf, setze es zum Feuer, thue Zucker hinein und Honig, machs wol süße lege Butter drein und würze es ab mit allerlei Würze und ein wenig Pfeffer, nur nimm keine

Nelken dazu, dann koste es zu rechter Maße und wirf kleine
Rosinken hinein. Willst du eine Farbe auf das Muß machen
so nimm geriebene Mandeln, streich sie fein dünne auf Obla=
tenblätter wie man pflegt Kreppel zu schmieren und wenn du
es bestrichen hast so schütte darauf rothen Troy daß es wol
roth wird und streich es hübsch gleich. Dann schneide die
Stücken etwa zwei Finger breit und wenn du das Muß auf
die Schüssel giebst so schüttele die Schüssel daß es gleich wird
und lege darauf die geschnittenen Confectstücken, ein Stück
nach dem andern daß es fein wird wie ein Schachtzagel (?)
und gieb es hin.

NB. Dies Gericht hat ein armer Sünder, Lehmann geheißen,
gleich gessen als er zum Galgen ausgeführet worden, als warum man
es in Thüringen Galgenmuß zu nennen pfleget.

27.
Ein Muß von Mandeln.

Zerreibe die Mandeln klein bei einer halben Stunde lang,
schlage zwölf Eier darein und reibs recht wol unter einander.
Nimm zwei Quart Wein in einen Topf und laß ihn wol heiß
werden, thue Zucker und kleine Rosinken drein, setze es zum
Feuer und rühre es wol ab, damit es nicht anbrennen mag.
Geuß ein halb Quart Rosenwasser darein und rührs flugs

durch einander, koste es zu rechter Maaße und bestreue es mit
Zucker und Zimmet.

28.

Ein Muß von Wein und Eidotter.

Nimm achtundvierzig Eier, schlage die in einen Topf und
thue das Weiße davon hinweg. Nimm zwei Quart Wein in
einen sonderlichen Topf und thue Honig oder Zucker darein,
setze ihn zum Feuer und laß ihn wol heiß werden, zerschlage
die Eierdotter mit einem Löffel und schütte sie in den heißen
Wein, rühre es wol, thue Butter drein und würze es ab mit
ein wenig Pfeffer, Muskaten, Zimmet, Ingwer und Muskaten=
blumen, koste es zu rechter Zeit und bestreue es mit einem
Troy.

29.

Noch ein anderes köstliches Muß von Wein.

Nimm zwei Quart Wein in einen reinen Topf und drei
altbackene Semmeln, schneide die Rinde davon und lege sie in
den kalten Wein, laß sie drinnen eine Viertelstunde liegen.
Darnach nimm sie wieder heraus und drücke sie rein aus daß
sie trocken werden, lege sie auf ein Bret und hacke sie klein.
Nimm kleine geschnittene Mandeln und kleine Rosinken und

wirf die in den Topf zum Weine, thue Zucker oder Honig drein, setze es zum Feuer und laß das heiß werden. Und wenn du die Semmel klein gehackt hast, so lege sie in eine Mulde, schlage zwölf Eier drein, rühre es wol durcheinander und thue es in einen heißen Wein, rühre es tüchtig um daß es nicht zusammenläuft, würze es ab mit allerlei Würze, ausgenommen Nelken, koste es rechtmäßig und giebs hin. Du kannst es vorher auch mit etwas Zimmet bestreuen.

30.

Einen Eierkäse zu machen.

Hole ein Quart Milch, nimm achtzehn Eier, schlage dieselbigen in einen Topf und zerklopfe sie recht wol, geuß die Milch darunter und menge das durcheinander mit einem Kochlöffel, setze es auf Kohlen und rühre es hübsch, daß es nicht anbrennen kann. Lege hinein Zucker und kleine Rosincken und machs wol süße. Wenn das zusammengelaufen ist so nimm ein enges Sieblein und schütte die Masse darauf, laß das Wasser rein abseihen daß es ganz trocken wird und schütte es in eine Form da man Mandelkäse drin machet und stürze es auf ein reines Bret, daß das Wasser heraus seihet, lege es auf eine Schüssel und streue Zucker darauf

31.

Ein geschnittenes Muß von Eiern.

Willst du ein geschnittenes Muß von Eiern und von weizenem Mehle machen und es soll nur für eine Schüssel sein, so nimm zwölf Eier und Weizenmehl, schlage die Eier in das Mehl und mache einen harten Teig daraus, daß du ihn mangeln kannst. Mangele ihn fein dünn auf einem Tische oder Brete und bestreue ihn wol mit Mandeln daß er ganz trocken wird und nicht zusammenklebt, schneide ihn klein, wenn er gemangelt ist, wie ein lödigt Sauerkraut und schmelze Butter in einer Pfanne. Wenn die Butter heiß wird so nimm diesen geschnittenen Teig und schütte ihn in die Butter, laß es wol backen daß es hübsch rusch wird und wenn es gebacken ist, so hebe es wieder aus der Butter oder dem Fette, schütte es in heiße Milch und laß es wol sieden daß es fein dicke wird, salze es zu rechter Maaße und gieb es hin. Bestreue es mit Zucker oder Troye. Du magst auch wol dazu gebrauchen die No. 15 genannte Hollunderblüthe.

32.

Eine treffliche Weinsuppe, Brautpupchen genannt.

Nimm Wein in einen Topf daß es genug sei auf eine Schüssel, setze ihn zum Feuer und laß ihn aufsieden, mache ihn süße mit Zucker oder Honig, salze ihn und würze ihn ab mit Ingwer urd Zimmet, und wirf darein ganze Muskaten= blumen. Schneide Zwiebeln klein, wirf sie in einen Tiegel, gieß dazu Baumöl oder geschmelzte Butter und setze es über das Feuer, röste sie wol braun ab, thue kleine Rosincken hinzu und schneide Semmeln hinein wie bei einer rindernen Suppe, lege die Semmel auf eine Schüssel und geuß darauf die vor= genannte Suppe. Hierauf schütte Rosincken und Zwiebeln drauf und giebs hin.

33.
Eine höfliche Käsesuppe zu machen.

Lange Käse heraus, wasche sie rein aus in einem reinen warmen Wasser, schneide sie klein, thue sie in einen Topf und setze sie zum Feuer mit Wasser, wirf darein geschälte Zwiebeln, grüne Petersilie, Kraut und Wurzel, und Salbeiblätter, laß das wol sieden und gieb Acht daß es nicht anbrennt. Wenn es dann gesotten ist, so treibs durch ein Tuch oder Sieb, thue sie wieder in einen reinen Topf, mache sie fett ab mit Butter, schütte darein ganzen Kümmel, salze sie und bringe sie zu Tische.

Wenn du aber Klöschen dabei haben willst, von Käse, so nimm harte Käse, reibe sie klein auf einem Reibeisen, schlage darunter vier Eier, wo es auf eine Schüssel genug ist und mache es durcheinander daß es hübsche Klöslein werden wie von Kalbfleisch, lege sie in die vorgenannte Suppe und laß sie wol sieden. Wenn sie wol gesotten sein so richte sie an wie vorgeschrieben steht.

34.

Einen gehackten Gries in Wein zu machen.

Nimm Wein in einen Topf und thue Honig oder Zucker drein, schütte kleine Rosinken hinzu und setze ihn zum Feuer. Laß ihn wol heiß werden, und schütte den Gries drein daß er ebene Dicke gewinnt und laß ihn wol sieden, würze ihn mit Ingwer, Safran, lege drein Butter, salze ihn zu rechter Maaße und giebs ihnen hin.

35.

Einen Spinat auf Hungarisch anzurichten.

Nimm Zwiebeln, zerschneide sie klein und thue darunter kleine Rosinken, thue sie in einen Topf und thue darzu diesen Spinnat, drücke ihn also ganz und gedrängt hinein und geuß halb Wasser und halb Weinessig darauf, laß es flugs einsieden daß nicht viel Sod darauf bleibt, mache es fein mit Zucker ab daß es nicht zu süß noch zu sauer wird und mache es ab mit einem Baumöle, koste es zu rechter Maaße, dann salze es. Und wenn du es willst anrichten, so lege darum gebackene Gründlinge oder Weißfischchen; du kannst auch gesottene Neunaugen nehmen.

36.

Einen Kuchen zu machen von Spinat oder Beißkohl.

Nimm dieses Kraut und wasche es rein aus, drücke es in einen reinen Topf, laß es auffieden, doch daß es nicht zu weich werde und schlage das durch einen Durchschlag, daß das Wasser rein davon seihet, drücke es rein heraus und wenn das geschehen ist so nimms auf reines Brod und schneide es fein zottig. Nimm zwölf Eier in einen Topf und thue darunter eine halbe Kanne gute Sahne, schlage das wol durcheinander mit einem Kochlöffel, schütte darein das vorgenannte Kraut und schneide hinein Meyeran, Ysop, Salbeiblätter, Rosmarin, von jedem ein gutes Theil, thue hinein kleine Rosincken, mache es süß mit Zucker und thue hinein Ingwer, Zimmet, Muskat, Muskatblumen und salze es zu rechter Maaße. Mache dann ein Blatt wie zu der Torte, die unter dem 1. Capitel No. 31 beschrieben ist und backe das in einer Pfanne, wie daselbst geschrieben steht. Nun trage es aber hinein, du mußt es jedoch vorher mit Zucker und Zimmet bestreuen.

37.

Von weißem Kraut oder Kohl, sonst Hauptkohl oder Türken-
kopf genannt.

Wenn du begierig bist ein solches Essen wie in der vor-
stehenden Nummer beschrieben ist von weißem Kraut zu machen,
so schneide das Kraut hübsch zottig klein und siede es ab in
einem Wasser, doch daß es ja nicht zu weich wird, thue hinein
gute Sahne oder Rahm, Zucker, Muskaten, Ingwer, Zimmet
und mache ein Blatt wie zu dem vorhergehenden Kuchen, daß
Eier in die Sahne geschlagen werden, thue da hinein große
Rosincken und mische und temperire es flugs untereinander,
salze es zur Maaße, thue es auf die Pfanne wie vorgeschrieben
steht und laß es wol backen. Wenn es schier gebacken ist so
nimm ein Eiweiß, das zerschlage klein und bestreiche den Kuchen hübsch damit mit einer Hühner- oder Gänsefeder, und
wenns fein bestrichen ist so lege die Stürze mit dem Feuer
obenauf und laß es backen. Wenn dieser Kuchen dann trocken
ist von dem Eiweiß so hebe die Stürze auf und bestreichs wieder
mit Eiweiß mit der Feder, decke es wieder zu und laß es wol
backen, dann kannst du es hinein schicken.

38.

Ein Hanfmuß zu machen.

Nimm guten Hanf, wasche den recht rein, stoße ihn in einem Mörser und geuß Wasser dazu, laß ihn laufen durch ein enges Sieb und thue ihn in einen Kessel oder Topf. Laß es zusammen laufen, schütte es in ein Tuch, daß das Wasser völlig abläuft, lege es in eine Schüssel und vermische es mit Zucker und Rosincken, dann lege es fein hoch auf eine Schüssel und trage es hinein.

39.

Ein Muß von Mohn zu machen.

Wässere den Mohn ein und reibe ihn klein, mache ihn durch einen Durchschlag, Sieb oder Tuch mit Wasser und laß das zusammen laufen wie den vorgenannten Hanf, schütte ihn auf ein Tuch daß das Wasser rein abläuft oder seihet mache ihn auf mit Zucker und Rosincken wie oben steht und giebs hin.

40.

Sauerkraut auf hungarisch anzurichten.

Wenn du haben willst ein köstlich Sauerkraut auf hungarisch so nimm die Häupter und entferne oben die gekrümmten Blätter, bis sie sich fein über einander schließen und treffen.

Derselben Blätter sollen achte sein. Die laß am Strunke hangen und das andere Theil welches du vom Haupte schneidest, von demselben Theile schneide den Strunk reine aus und reibe es auf einem Schabeisen klein. Wenn du das gethan hast, so gieß Baumöl drein, schütte Kümmel dazu, große Zibeben, und menge es wol unter einander, dann wirf Zucker hinzu, fülle es wieder in vorgenannte Blätter und schließe es fest zu, damit es nicht ausläuft, dann binde die Häupter mit Fäden fest zu, lege sie in einen Topf, gieß Wasser drein, laß sie wol sieden, wenigstens zwei Stunden und nimm geriebene Mandeln, mache sie mit etwas sauer, schütte Kümmel drein, setze es zum Feuer und laß es fein aufsieden und wenn die Häupter gesotten sind so lege sie aus dem Wasser, damit dasselbe rein abseihe und binde sie auf bei den Fäden, lege sie in eine Schüssel und ziehe dieselben Blätter herab. Dann gieß den vorgenannten Sauer darum und giebs den Gästen.

41.

Ein Muß von Schwaden.

Wenn du haben willst ein Muß von Schwaden, Fenchel, oder Hirse so zerstoße es in einem Mörser klein, darnach dränge es durch ein feines Sieblein, daß das Mehl ganz hindurch fällt.

115

Willst du eine gute Schüssel voll haben so schlage zuerst zwölf Eier drunter und mache einen hübschen Teig, nicht zu dünne noch zu dicke, zerklopfe das wol, damit es nicht klüsserig bleibe, schütte den Teig mit den Eiern in heiße Milch und rühre es wol durcheinander, daß es nur ja nicht klüsserig bleibe. Willst du so lege Butter hinein auch kannst du es mit Safran gelb machen. Laß es hübsch kochen, aber langsam, daß es sein dick und braun um die Ränder wird, salze es zu rechter Maaße und gieb es hin, gewinne das Braune hübsch mit einem Messer von dem Topfe und lege es sein auf das Muß, hernach bestreue es mit Troye. Also magst du auch machen ein Muß von Gries oder Weizenmehl.

42.

Einen gehackten Gries zu machen.

Nimm zwei Hände voll Gries, schütte ihn auf ein reines Bret oder eine reine Mulde, schlage dazu drei Eier und hacke es durcheinander mit einem Hackemesser, daß es wird wie eine halbe gerstene Graupe. Wäre es daß sichs nit wollte hacken lassen so schütte mehr Gries hinzu daß es sein trocken wird. Nimm eine heiße Milch, rühre das hübsch drein, daß es nit klüsserig wird, lege Butter drein und mache ihn gelb mit Saf=

8*

ran, laß ihn wol sieden, daß er fein dicke wird, laß ihn hüsch braun werden und richte ihn an wie von den vorgenannten Müßern geschrieben steht.

43.

Ein Muß von Reiße.

Wasche den Reiß reine aus, siede ihn ab mit einem Wasser daß er aber hübsch ganz bleibt, und wenn er weich wird so schütte ihn auf einen Durchschlag oder Sieb, daß das Wasser davon abläuft uud er fein klein und trocken wird. Nimm Baumöl oder Butter in einen Tiegel, schütte den Reiß drein, kreische ihn hübsch ab, thue hinein kleine Rosincken und Zucker und salze ihn wie sichs gehört und giebs hin.

Solchen ganzen Reiß lege auf eine Schüssel, drücke es lang wie eine Striezel oder mache ihn hoch wie einen Haufen, wie du es nun gerade haben willst, und laß ihn wol kalt werden. Bestreue ihn hübsch mit ganzen Mandeln. Mache darum eine Mandelsuppe die da fein dicke ist, laß die Suppe kalt werden und mache sie fein süße. Wenn du es willst aufgeben so geuß die Suppe darauf. So du die Mandeln aufsteckst nennt man das Gericht im Meißener Lande einen Reißigel und in Thüringen eine Jungfernsuppe.

44.

Ein Apfelmuß zu machen.

Nimm die Aepfel und schäle sie so viel du willst auf eine
Schüssel, schneide sie hübsch scheibelig klein und lege sie in einen
Topf, thue Butter dazu setze sie zum Feuer und laß sie flugs
mit der Butter sieden, daß sie fein weich werden, geuß Butter
davon aufs allerreinste und schütte sie auf ein Tuch dann treibe
sie flugs durch. Nimm dazu zwölf Eier, laß sie mit herdurch
laufen und mische das flugs durcheinander, thu's wieder in
den Topf, ist es zu dicke so machs dünner mit Wein, und setze
es zum Feuer, machs süße mit Honig oder Zucker und würze
es ab mit allerlei Würze, nur mit Nelken nicht, schütte darauf
kleingeschnittene Mandeln und kleine Rosincken und rühre es
wol durcheinander, koste es zu rechter Maaße und bestreue es
mit Troy, hernach giebs dem Laien zum Auftragen.

45.

Ein anderes Muß von Aepfeln.

Schneide die Aepfel hübsch scheibelig wie vorgeschrieben steht
thue Butter in einen thönernen Tiegel, wirf die Aepfel drein,
laß sie wol rösten daß sie weich werden, streiche sie dann in
einem Tiegel fein gleich, schlage Eier darauf, daß sie sind wie

gefaßte Eier. Wenn nun die Eier auf den Aepfeln fertig werden so besprenge sie mit Salz und richte sie an, vorher aber wirf Ingwer drauf.

46.

Ein Apfelmuß zu machen.

Nimm gute Aepfel, hacke sie klein, thue sie in eine Pfanne und geuß dazu etwas Wein, aber nit zu viel, setze sie auf das Feuer und röste sie wol ab, thue hinein Zucker oder Honig und würze es ab mit obgenannter Würze nur nit mit Nelken Thue auch darein kleine Rosincken oder klein geschnittene Mandeln und rühre es wol durcheinander.

47.

Wie man das Muß von Aepfeln oder Feigen brauchen soll.

Die Aepfel und Feigen soll man brauchen zu dem Gebackenen, daß man Gebackenes damit fülle, nämlich Oblaten und gefüllte Semmeln oder sonst andere Blätter die man macht.

48.

Ein Muß von Kirschen zu machen.

Wer ein gut Muß von Kirschen haben will der zerstoße selbige in einem Mörser, thue sie in eine Pfanne, geuß darun=

ter süßen Wein und rühre es fein ab, damit es nicht zu dicke und auch nicht zu dünne werde. Thue darunter klein geschnittene Mandeln und machs hübsch süße mit Zucker oder Honig, würze es ab mit Pfeffer, Ingwer, Muskat, Muskatblumen, Nelken und Zimmet, mache es wol unter einander und bestreue es mit Zucker.

49.

Ein Muß von gebackenen Birnen.

Erstlich nimm sie und wasche sie fein rein aus, darnach lege sie in einen Topf, geuß darauf ein gutes kräftiges Bier, setze sie zum Feuer und lasse sie wol sieden bis sie weich und trocken sind. Dann schütte sie in einen Mörsel, zerstoße sie klein, wirf darunter geröstetete Semmel und stoße das wol durcheinander, geuß darunter ein wenig Wein, nicht zu dick und nicht zu dünne, drücke es durch ein Tuch oder Sieb thue es in einen Topf und würze es ab wie vorgeschrieben steht. Dann thue auch dazu gestoßenen Coriander, koste es zu rechter Maaße und bestreue es mit Zucker, darauf gieb es hin. Dies Muß ist sehr gesund und hilft sicherlich gegen Obstructiones und anderes Gebreste des Leibes, du darfst aber nit zu viel davon essen dieweil es dickes Blut macht.

50.

Ein Muß von Quitten, damit man auch ein Gebackenes füllen mag.

Willst du ein Muß oder Confect machen von Quitten so spalte sie auf in vier Theile, schneide die Kerne heraus und hacke sie klein, thue sie in einen Honig und röste sie wol daß sie ganz weich werden. Würze sie ab mit Pfeffer, Ingwer, Nelken, Muskatblumen, Zimmet, Muskat und röste sie wol ab ganz trocken. Daraus mag man ein Muß oder Gebackenes machen.

51.

Ein Muß von Morellen.

Nimm fürs Erste die Kerne aus den Morellen und stoße Letztere in einem Mörser klein, thue darunter Weißbrod, stoße es wol durcheinander und nimm darunter einen Wein und mache oder rühre es flugs durcheinander, reibe es durch ein Sieb, thue es in einen Topf, mache es nit zu dicke und nit zu dünne, rühre es wol ab, thue darein Zucker oder Honig, würze es ab mit Safran und mit der vorgenannten Würze, koste es zu rechter Maaße und richte es an, dann bestreue es mit Zucker und giebs hin.

52.

Ein Muß von Pfirſichen.

Die magſt du auch alſo zurichten wie du jetzt von Morellen biſt belehrt worden.

53.

Ein Muß von Pfefferkuchen.

Reibe den Pfefferkuchen auf einem Reibeiſen und nimm
einen Topf guten ſüßen Meth und thue den geriebenen Pfefferkuchen hinein, ſiehe zu daß es nicht klüſſerig wird und ſetze es
zum Feuer. Röſte es wol ab, thue darein ganze Anieskörner,
ganzen Kümmel, Pfeffer, Ingwer, ein wenig Saffran, koſte es
wol zu rechter Maaße und richte es an, auch beſtreue es, ehe
du es hingiebſt, mit Zucker.

54.

Ein Muß von Gries zu machen.

Nimm ſüßen Meth in einen Topf und laß ihn aufſieden,
rühre den Gries darein daß es nicht klüſſerig wird und nicht
zu dicke noch zu dünne, ſchütte darein kleine Roſincken, würze
es ab mit Pfeffer, Ingwer, Safran und richte es an, beſtreue
es mit Zucker.

55.

Ein Muß von Gerstenbier.

Reibe ein altbackenes Brod, thue es in das Bier, nicht
zu dicke noch zu dünne, thue darein gestoßenen Kümmel, Anies
und Coriander und ein wenig Zucker oder Honig, rühre es
flugs durcheinander und richte es an.

56.

Ein Muß von Erbsen.

Laß die Erbsen erstlich fein rein abreiben in Kalkwasser,
hernach koche sie hübsch weich in einem Topfe daß sie zu zer-
drücken sind. Wenn sie gar weich geworden reibe sie in einem
Reibetopfe und mache sie hübsch auf in einem Wasser doch damit
sie nicht zu dünne sind, sondern eher dicke, salze sie fein aber
nicht zu sehr. Nimm ein gut Baumöl in einen töpfernen
Tiegel, setze es über glühende Kohlen, nimm gebähete Semmel
und tunke sie in die Erbsen und lege die Semmel daß die
Erbsen ganz bleiben kleben auf beiden Seiten, lege sie in das
heiße Oel ganz daß es den Boden bedeckt mit der gebäheten
Semmel, nur daß nicht zu großes Feuer unter dem Tiegel sei,
und willst du so bestreue die Schicht Semmel die du hast hin-
eingelegt mit Zucker und mit kleinen Rosincken, dann lege wie-

der eine Schicht Semmel mit den Erbsen, so lange bis der Tiegel voll wird, laß es fein braun werden auf der einen Seite. Nun nimm einen andern Tiegel und stürze es um und setze die andere Seite wieder ans Feuer daß sie auch braun wird und richte an, vorher streue Zucker und Zimmet auf.

57.

Böhmische Erbeisen zu kochen.

Reibe sie ab wie vorgeschrieben steht und laß sie hübsch trocken werden (Nr. 62). Darnach nimm ein Stück Schweinefleisch das hübsch durchwachsen ist, siede das Fleisch in einem reinen Topfe weich und wenn es dann gesotten ist so schneide es klein fein würfelig, thue es in einen thönernen Tiegel und nimm dazu ein Schmalz, schütte dazu die Erbeisen ganz und salze sie hübsch ab, setze sie über das Feuer, laß sie fein braun werden und nun kannst du sie auftragen.

58.

Ein Muß von sauern Kirschen zu machen.

Siede die sauern Kirschen in reinem guten Weine und nimm weißes Brod darunter, laß es miteinander aufsieden und drücke es durch ein Tuch daß es nicht zu dicke noch zu dünne werde, würze es ab mit Ingwer, Pfeffer, Zimmet und thue

Zucker drein oder Honig, mache es wol ab zu rechter Maaße und gieb es hin.

59.

Ein Muß von Erdbeeren.

Thue sie in reinen Wein, wirf Semmel darunter und laß sie aufsieden, doch daß sie ja nit anbrennen. Darnach drücke es durch einen reinen Durchschlag oder Tuch, wirf es in einen Topf, thue darein Zucker und Honig und würze es ab mit allerlei Würze, nur mit Nelken nit. Und wenn du es anrichtest so bestreue es mit Zucker. Also und dergleichen mache auch ein Muß von Himbeeren, Kratzbeeren und Maulbeeren.

60.

Ein Birnenmuß zu machen.

Schäle die Birnen und lege sie in einen reinen Topf, thue darzu ganzen Kümmel, Anies und Coriander, thue Honig darein und ein wenig Pfeffer, geuß darein ein wenig Bier und lege eine Stürze auf den Topf, klebe den Topf fest zu, sammt der Stürze, daß der Broden nicht heraus kann und laß sie drinnen wol backen. Wenn es dann so weit ist, daß sie fein braun werden so richte sie an und bestreue sie mit Zucker, dann gieb sie hin.

61.

Auf eine andere Art Birnen anzurichten.

Willst du die Birnen auf eine andere Art anrichten so mache einen dünnen Teig von Eiern und Mehl, ziehe die Birnen im Teige und mache sie in einer Butter daß sie hübsch braun werden. Darauf mache ein braunes Sod von Wein oder Pfefferkuchen, würze es ab mit allerlei Würze und giebs hin.

62.

Aepfel in Butter gebacken.

Willst du kleine Aepfel in Butter backen so schäle sie, zerschneide sie in zwei oder vier Theile darnach sie groß sind und zerklopfe ein Eiweiß, salze es ein wenig thue die Aepfel hinein schütte darzu Weizenmehl, mache die Aepfel wieder trocken mit dem Mehle, thue sie in eine heiße Butter, backe sie wol daß sie fein risch werden und richte sie an, darauf bestreue sie mit Zucker und giebs hin.

63.

Einen Kitzing zu machen.

Man nennt ihn auch ein Schnappaufchen. Willst du einen solchen machen dann lege Hechtroggen oder Roggen von

andern Fischen in heißes siedendes Wasser, und salze ihn an-
gemessen, aber daß er fein ganz bleibt, dann nimm ihn wieder
heraus aus dem Wasser und schneide ihn hübsch in Stücken,
so groß als die welschen Nüsse, nimm gesottenen Hanf, reibe
ihn klein, mache ihn auf mit einem Wasser, fein wie eine andere Hanfsuppe und lege den Kitzing da hinein, setze ihn über
und lasse ihn damit einsieden, thue darunter große Rosincken
und würze ihn ab mit Pfeffer, Ingwer, Safran. Ist er dann
ziemlich so lege Butter hinein. Das Schnappaufchen hat Bruder Kämpfe aus St. Veit zu Oldisleuben mitbracht.

64.

Eine köstliche Weinmilch.

Nimm Quark, auch Matz genannt, gieß Milch oder noch
besser Sahne drein, rühre das um bis es so dick ist wie Oel,
dann wirf gewaschene Weinbeeren hinein und streue Zucker und
Zimmet drauf. Ist ein wahres Herrenessen.

65.

Eine Eintunke von Rosincken zu machen.

Willst du haben eine Eintunke von Rosincken so stoße sie
in einem Mörsel und nimm darunter gebähete Semmel, und
wenn du das gestoßen hast so mache es auf mit einem Weine

und treibe es durch ein Sieb, würze es ab und giebs hin.
Also magst du auch machen eine Eintunke von Hanebutten
oder Kalinkenbeeren, Johannisbeeren und anderen.

66.
Eine Weinsuppe zu machen.

Verlangt dirs nach einer Weinsuppe ohne Eier, es sei in
der Fasten oder sonsten an einem Feiertage so nimm einen Topf,
ein halbes oder ganzes Quart Wein, schneide darein Brosamen von einer Semmel, und setze es zum Feuer, lege Honig
oder Zucker drein und laß es wol sieden, dann schlags durch
ein Sieb und thue sie wieder in den Topf, würze es ab mit
allerlei Würze, nur nit mit Nelken, schütte kleine Rosincken darein, schneide auch gebähete Semmel länglich wie die Möhren
auf böhmische Art hinein.

67.
Einen höflichen Senf zu machen.

Wenn du willst einen guten Senf haben so nimm denselben und wässere ihn recht rein, schütte ihn in einen Reibetopf
und nimm dazu gebrühete Mandeln, und reib ihn wol durcheinander ganz klein, mache ihn auf mit einem Wein und treib
ihn durch ein Tuch. Willst du ihn süß haben so thue Honig

und Zucker drein. Diesen Senf magst du gebrauchen zu Gebratenem oder zu kalten Ochsenfüßen oder Wildschweinhäuptern.

68.

Eine rothe Eintunke zu machen.

Willst du eine rechte Eintunke haben von rothen Rüben die sehr gut ist, so wasche die Rüben reine ab, schneide sie in Scheibelein, lege sie in einen Topf und vermache sie oben mit kleinen Hölzern. Nun füge den Topf über einen andern Topf, da siedendes Wasser drin ist und laß sie hineinstürzen, so werden sie weich werden. Dann geuß darauf einen guten Senf und laß sie stehen, so wird der Senf wol roth werden und wenn du ihn willst gebrauchen so gieb dazu gebratene Fischlein, gebratenes Leberlein, Vogel oder sonst was Gutes vom Braten. Ist gut für Obstructiones, wie Bruder Kämpfe weiß.

69.

Ein Gericht wie ein verloren Hühnlein.

Nimm einen Topf von einer halben Kanne, setze den mit Wasser zu, lege Petersilie hinein und laß sie wol sieden, dann nimm hinein Brosamen von zwei altbackenen Semmeln, die zerrühre daß sie ist wie eine Haidegraupe, schlage dann fünf bis sechs Eier drein und schütte Pfeffer und Safran dazu.

70.

Willst du machen ein gut Sod auf Lachs, Hausen, Stör oder Schweinwildpret?

So nimm Aepfel, Zwiebeln und Klimpke, das ist unge-hopftes süßes Bier, laß das mit einander sieden, daß die Aepfel und Zwiebeln weich werden, und nimm gebähet Brod, reibe dasselbe mit den Zwiebeln und Aepfeln, schlage es durch und würze es ab.

71.

Einen guten Knoblauch mit Aepfeln.

Nimm Aepfel, schäle sie, schneide sie in Stücken und laß sie kochen daß sie werden wie ein Muhß. Nun thue sie ein wenig vom Feuer und laß sie abkühlen, nimm Knoblauch und schäle ihn, zergliedere ihn, geuß kaltes Wasser drauf, laß es ein wenig stehen, damit es das Bittere heraus zeucht, und darnach nimm ihn wieder aus dem Wasser und zerreibe ihn, thue Aepfel unter den Knoblauch und reibe sie mit einander, doch daß die Aepfel nit zu sehr gerieben werden. Nun setze einen guten scharfen Weineßig oder auch Biereßig zum Feuer, laß ihn sieden, schäume ihn ab, setze ihn wieder ins Kühle daß er überschlägt, damit man den Knoblauch nit verbrühe, darnach

9

geuß den Essig auf den Knoblauch und die Aepfel, nimm das
Fette, das vom Gebratenen geklopft ist, geuß es auch zu dem
Andern und rühre es unter einander, geuß alles wieder aus
dem Reibetopfe in ein Töpflein und setze das über ein Feuer,
laß es fein unter einander bräkeln, darnach zertheile das Gebratene und geuß den Knoblauch darauf auf das Gebratene
und gieb es so hin, oder geuß es in ein Schüsselein daß
man es zum Gebratenen, welches ganz gelassen werden soll,
eintunke.

72.

Eine gute Kesche, das ist ein Muß, von Zwetschken Kirschen
oder Mispeln.

Nimm diese Früchte, welche du willst, einen Kessel oder
Topf voll, röste eine Schnitte Weißbrot oder auch zwei, thue
das also in einen Wein oder Essig, laß es sieden, wenn die
Schnitte wohl weich worden treibs also durch ein Tuch oder
Durchschlag der nit zu weitlöcherig ist, thue daran Honig und
einen Löffel voll Butter, schütte daran Mandelkerne, Würze,
Pfeffer, Nelken, geliebt dirs wenn du die Kesche auf die Schüssel
giebst, beschütte sie mit zerschnittenen Mandelkernen und Rosincken.

131

73.

Eine gute Kesche von Brombeeren, (Kratzbeeren).

Nimm reine Kratzbeeren, zerreibe sie in einem Topfe und nimm eine Hand voll Kornmehl und Weizenmehl, so viel dich dünkt, reibe das darzu und geuß ein wenig Wein daran, treib es durch ein Tuch oder Durchschlag, thue das in einen Tiegel auf ein wenig Butter, mache es süße von Honig und Zucker, würze es geringe mit Nelken, vergiß nit zu salzen. Geliebt dirs aufzutragen so bestreue sie mit was du willst.

74.

Ein guter Kompuß aus sauren Kirschen.

Nimm saure Kirschen, thue die Stiele davon und koche sie in ihrem eigenen Sode, wenn sie gekocht sind so treib sie durch ein Sieb oder Tuch, laß sie kalt werden, thue Honig daran und Stoßgalgen, würze sie damit und mit Nelken, darnach thue sie in einen gläsernen Topf, wenn du sie aufgiebst beschütte sie mit Ingwer. Also magst du den Kompus zu Fischen und Gebackenem geben.

9*

75.

Eine gute Kesche von Kalbsgehirn.

Koche das Gehirn wol, darnach reibe es in einem Reibe=
topfe und zerlaß es mit gutem Wein, geuß es in einen Kessel
oder Tiegel, schütte dazu eine Hand voll oder so viel dich dün=
ket Petersilie, mische das durcheinander, würze es mit Safran
und schütte ein wenig Feldkümmel hinzu, laß es dann in einem
Tiegel aufsieden und mache es mit Honig. Wenn du sie auf
die Schüssel giebst beschütte sie mit Zimmetrinde und mit ge=
stoßenem Ingwer.

76.

Eine Keschee von welken Rüben.

Koche die Rüben wol, darnach zerhacke sie aufs kleinste
und thue Honig in einen Tiegel, schütte die Rüben drauf, laß
sie drinnen bräkeln, daß sie nicht allzu dick werden, nimm Man=
delkerne und polonischen Kümmel, zerstoß das zu Pulver, thue
es drein und würze es mit Zimmet, Ingwer, Nelken, nicht
vielem Pfeffer, gieb es auf die Schüssel und habe das Salz
eingedenk.

Schlußwort.

DJS sei nun genugk vom kochen gesaget, wer weiter in einer stadt oder land etwan ein gut sonderlichs gericht antrifft der mags hinein verzeichnen wie es Bruder Kämpfe gar vielmals than. Denn das kochen ist auch schier der vnendlichen kunst eine daran man immer weiter lernen muß. In summa es heißt Spartam nactus es, hanc orna, worauf sich einer begiebt dem muß er sein lebenlang nachgehen und je mehr und mehr drinnen lernen. Denn die weltkinder denken ihren sachen immer weiter nach und will ein ding immer ein ander besser machen und rhum vor einen andern haben und behalten. Es ist genug daß ich nur etwas von einem Dinge melde und gleichsam sedes ordinarias materiarum setzen und machen, daß ihm einer immer mehr dazu zeichnen vnnd in seinem haushalten desto besser fortkommen kann. Man pflegt sonsten zu sagen: lendlich sittich, ein jeglich Land hat seine arten und Compendia wie mans nur an den braten siehet. Denn an etzlichen orten braten die menschen. Da muß man mit unkosten einen Bratenwender halten der die braten am spisse

beym feuer beſtendiglich vmbdrehet vnnd geſchicht ſolchs mit
groſſer vngelegenheit. Denn da gehen vnnkoſten auff den
wender, vnkoſten auffs holtz und kolen, vnkoſten vnnd ſchaden
auf die materien, denn darnach der braten gewendet wird, darnach wird er auch gar, wenn er bisweilen ſtille helt vnnd ſich
der ſchwung des ſpiſſes regieren leſt ſo brät er ja an einem
ort gar am andern iſt er noch halb roh oder ſchleudert den
brate gar ab wenn er mürbe und gar iſt, das er in die aſchen
fällt. Da verbrennet und verderbet man viel bratpfannen,
das geſinde friſſet oder duncket in abweſen der Koche das fette
aus und wird bißweilen der bräther mit groſſer gefahr ſeiner
geſundheit ſchier ſo gar als der brate. An etzlichen örtern
braten die hunde ſo darzu gewenet ſein daß ſie im rad laufen
vnd alſo den ſpiß vmbdrehen. An etzlichen örtern hat man
ſunderlich Bradtgezeug mit Gewichten vnd Rädern, da bisweilen
der zeug wol ſo viel koſtet als die braten die man innerhalb
einem halben Jahr damit braten möchte. An etzlichen Oertern
hat man bradtrören in den ofen darein man den braten in
einer pfannen ſetzet vnnd forn mit einem plech verſcheubet,
das iſt wol eine feine art, ſonderlich im winter, aber es gibt
in der ſtuben einen ſtarcken ſtanck oder geruch den nit jeder
in ſeinem kopffe vertragen kann. An etzlichen örtern heitzen
die becker am ſontag frües den backofen, darein ſetzen die leut

135

ihren braten heuffig um zween oder drei Pfennigk ohne weiters mihe und vnkost. Also geschichts. Ich aber befehle dich in die obhut des dreieinigen GOTTES und SEINER lieben Heiligen.

Amen!